GÉOGRAPHIE
MODERNE.
DE L'A FRANCE.

GÉOGRAPHIE

MODERNE

DE LA FRANCE;

PAR LE COURS DES FLEUVES ET DES RIVIÈRES;

OU

Méthode facile pour en apprendre en peu de tems la nouvelle division ; précédee d'un Traité abrégé des Sphères de Ptolémée et de Copernic, avec la description de l'ancienne Gaule, et un précis rapide de l'Histoire des Gaulois et des Francs, et de l'établissement de ceux-ci dans les Gaules

PAR J. M. MAHIAS, Homme de Lettres.

*TOME II*e.

A PARIS,

Chez Le Becq, Imprimeur, rue Jean-de-Beauvais.
n°. 13.

An VII.

TABLE

FAUTES A CORRIGER.

Tome premier.

Page 76, ligne 13, *lisez*, jusqu'au 180e. dégré : *au lieu de* jusqu'au 360°.

Page 141, ligne 26, après ces mots : la Maxima sequanorum, *ajoutez*, La *grande* province des Séquaniens.

Page 184, ligne 2, *au lieu de* la dernière, *lisez*: la première.

Page 185, ligne 10, *au lieu de* l'Ain, *lisez*: Basses-Alpes.

Tome second.

Il n'y a dans ce tome que quelques fautes d'ortographe qui se sont glissées dans les noms des fleuves, des rivières et des communes. On a eu soin de les faire disparaître dans les Tables, auxquelles on aura recours.

GEOGRAPHIE.

GÉOGRAPHIE
MODERNE
DE LA FRANCE,

CHAPITRE III,

Les Départemens de l'Ouest et du Centre.

Comme ces départemens sont en grand nombre, nous divisons ce chapitre en trois sections.

La première embrasse la description des départemens qui s'étendent du Nord-Ouest au Sud-Est depuis les bords de la mer du Nord, du Pas-de-Calais et de la Manche jusques vers les montagnes des Vosges, la Saône et la source de la Seine, entre les anciennes limites des Pays-Bas et ce fleuve; avec ceux qui doivent leur nom aux rivières qui s'y perdent.

La seconde comprend la description des départemens que l'on rencontre entre la Seine et la Loire, depuis les rives de la Manche et de l'Océan, jusques vers la source de ce dernier fleuve et celle de l'Allier.

A

On trouvera dans la troisième la description des départemens qui sont situés à la gauche de la Loire, entre ce fleuve et les départemens qui doivent leur nom aux rivières qui se perdent dans la Garonne à droite.

SECTION I.

Les Départemens qui sont situés entre les anciennes limites des Pays-Bas et la Seine, etc.

La Seine prend sa source auprès de Saint-Seine, vers le milieu du département de la Côte-d'Or. Elle traverse les départemens de l'Aube, de Seine-et-Marne, de Seine-et-Oise, de la Seine, une partie de celui de l'Eure, et la partie méridionale de celui de la Seine-Inférieure; et se décharge dans la Manche au Havre. Elle passe à Châtillon, à Bar, à Troyes, à Nogent, à Bray, à Montereau, près Fontainebleau, à Melun, à Corbeil, à Paris, près Versaille, à Saint-Cloud, près Franciade, à Meulan, à Mante, à la Roche-Guyon, à Vernon au Pont-de-l'Arche, à Elbeuf, à Rouen, à Caudebec, et baigne Honfleur qui est sur la rive gauche.

ARTICLE I.

Le Département du Nord.

Ce département occupait, avant la conquête de la

Belgique, la partie du territoire Français qui s'avançait davantage vers le Nord-Ouest, ce qui lui fit donner
le nom qu'il porte.

Il est entouré des départemens du Pas-de-Calais;
de l'Aisne, des Ardennes, de Sambre-et-Meuse, de
Jemmappe et de la Lys; le Pas-de-Calais le borne au
Nord-Ouest.

Ce département produit du froment, du seigle, de
l'avoine, des graines, du lin, du chanvre, du colsat,
du tabac; il y a des pâturages où l'on élève et où l'on
engraisse des bestiaux; on y exploite du charbon de
terre.

Ce département est un de ceux qui ont le plus
souffert au commencement de la guerre de la liberté.
Les hordes ennemies s'y répandirent comme un tor-
rent, y commirent des brigandages affreux; se rendirent maîtres de la plupart des places fortes qu'il
renferme; mais la valeur républicaine les leur arracha
bientôt, et repoussa loin du sol de la liberté cette
troupe de brigands, plus féroces les uns que les
autres.

Les rivières les plus considérables de ce département, sont, outre l'Escaut et la Sambre, la Deule, la
Scarpe, la Haisne et l'Aspre.

La Deule y a sa source, à l'Occident d'Orchies,
passe à Lille, et se perd dans la Lys à droite.

La Scarpe a la sienne au Sud-Ouest d'Arras dans

le département du Pas-de-Calais, arrose cette commune, passe à Douaï et à Saint-Amand; et se jette
dans l'Escaut à gauche, au-dessus de Tournay.

La Haisné prend sa source au Sud-Est de Mons,
arrose cette commune et Saint-Guillain; et se décharge dans l'Escaut à droite, à Nord-Libre.

L'aspre sort du département de Jemmappe, baigne
Avesne dans celui du Nord; et se jette dans la Sambre,
au-dessous de Landrecie.

Landrecie, Avesne, Maubeuge, sur la Sambre; le
Quesnói, Valencienne, Nord-Libre, sur l'Escaut;
Saint-Amand, sur la Scarpe, Places très-fortes pour la
plupart, et très-importantes par leur situation, avant
la conquête de la Belgique. On fabrique à Valenciennes, des camelots, des dentelles, des linons.

Cambrai, sur l'Escaut. Cette commune est grande et
assez belle, riche, très-commerçante et bien peuplée.

On y fabrique de la batiste, des linons; des dentelles, des gazes, des calmandes, des turquoises qui
imitent celles qui se fabriquent en Turquie, de la tapisserie de haute-lice (1); il y a des blanchisseries

---

(1) La Tapisserie de haute et basse lice est une étoffe faite avec de la
laine, de la soie, ect. de différentes couleurs, enlacées dans des fils, de
manière qu'ils représentent divers sujets. Les Tapisseries de haute et
basse lice ont des dénominations qui dépendent de la position de l'ouvrage et de l'ouvrier.

Casteau-Cambresis, au Sud-Est de Cambrai, petite commune où l'on voit un superbe château.

Douay, sur la Scarpe, chef-lieu. Cette commune est bien bâtie, grande et forte; mais sa population ne répond pas à l'étendue de son enceinte. Les remparts offrent de belles promenades. On fabrique à Douay des batistes, du fil à dentelle, de la dentelle, des gazes, des camelots, des molletons; on y fait beaucoup d'huile à brûler; il y a des fonderies de canons. Orchies près la Scarpe, Marchienne, sur cette rivière, petites communes.

Lille, sur la Deule; cette commune est une des plus grandes, des plus belles et des mieux peuplées de la République. La Citadelle passe pour être la plus belle de l'Europe. On fabrique à Lille des draps, des serges, des ratines, des camelots, des calmandes et autres étoffes de laine, des velours, façon d'utrecht, des toiles; du papier, de la verrerie; il y a une raffinerie de sucre.

Le siége de Lille (en septembre et octobre 1792) fera époque dans les annales de la révolution Française. Les Autrichiens avaient à peine formé le siége de cette place, qu'ils la sommèrent de se rendre: la garnison et les magistrats leur firent cette réponse sublime par sa simplicité; *Nous avons juré de nous défendre jusqu'à la mort... Nous ne sommes point desparjures.*

Le Général porteur de l'insolante sommation faite à

la ville de Lille de se rendre, eut l'audace de dire que si l'on s'obstinait à ne vouloir se rendre, à trois heures précises la ville serait bombardée, et réduite en cendres. Il ajouta qu'il avait une armée de 80 mille hommes; on lui répondit que quand même son armée serait de deux cents mille hommes, on redoutait fort peu ses menaces, et que l'on ne se rendrait pas. A l'instant on dressa une potenee sur la place, pour y pendre celui qui oserait parler de se rendre.

Effectivement, à trois heures, ces audacieux brigands eurent la témérité de tirer à boulets rouges sur la ville, et de la bombarder dans toutes les formes de la manière la plus atroce. On évalua à cinq mille bombes, et à vingt-cinq mille boulets tout ce que l'ennemi tira en quatre jours. Marie Christine, gouvernante des Pays-Bas, eut le barbare plaisir de mettre elle-même le feu à un mortier; mais la rage de ces brigands fut inutile. Quoiqu'il y eût dans Lille plus de 3000 maisons brûlées, ou endommagées, ils furent obligés de se retirer après huit jours de siége. La garnison portée à dix mille hommes fit une sortie terrible. La Bourdonnaye ayant rassemblé d'autres troupes dans le même tems, attaqua les Autrichiens, leur tua un grand nombre d'hommes, et les força de lever le siége.

La Bassée, Commines, près la Deule; Armentières, sur la Lys, Hazebrouck, près de cette rivière, n'offrent rien de remarquable.

On fait un grand commerce de toiles blanches à Merville, à la Gorgue et à Estaire, petites communes près de la Lys.

Cassel jolie commune situé sur une montagne, au pied de laquelle coule l'Aa, ce qui la fait aussi appeller *Mont-Cassel*: on y jouit de la plus belle vue du monde, car on découvre du haut de la montagne, vingt huit villes et la mer qui en est éloignée de trois myriametres.

Bergues, commune médiocrement grande sur un canal qui va jusqu'à la mer.

Gravelines, Place très-fortifiée à l'embouchure de l'Aa. On admire ses nouvelles Ecluses.

Dunkerke, sur le Pas-de-Calais. Cette commune est considérable, belle et bien peuplée ; les rues sont larges, et quelques-unes coupées par des canaux. Dunkerke avait autrefois un très-bon port qui pouvait contenir des vaissaux de ligne, il avait coûté des sommes immenses à la France ; il fut comblé après la paix d'Utrecht, en 1713. Les fortifications qui défendaient la ville et le port, furent démolies.

A R T I C L E   I I.

Le Département du Pas-de-Calais.

Il doit son nom au Pas-de-Calais qui le borne au Nord ; la Manche le borne au Couchant ; le département de la Somme au Midi; celui de l'Aisne au Sud-Est; celui du Nord au Nord-Est.

On récolte dans ce département des grains, des graines, du chanvre, du lin; on y élève des bestiaux, de la volaille, on y fait beaucoup de beure; il y a beaucoup de bêtes à laine.

L'Aa, la Biette, la Canche et l'Authie arrosent ce département.

L'Aa a sa source auprès de Huquetiers, dans la partie occidentale de ce département, arrose Saint-Omer, et se jette dans la Manche, à l'Occident de Dunkerke.

La Biette est une très-petite rivière qui baigne Béthune, et qui se perd dans la Lys à droite.

La Canche sort d'une chaîne de rochers qui traverse en ligne courbe, du Sud-Est au Nord-Ouest, les départemens de la Haute-Marne, de la Meuse, des Ardennes, de l'Aisne et du Pas-de-Calais, depuis les environs de Bourbonne dans le premier de ces départemens jusqu'à la mer. Elle arrose Hesdin et Montreuil, et se jette dans la Manche, au-dessous d'Étaples.

L'Authie sort de la partie du Sud-Est de ce département, baigne une partie de celui de la Somme, y arrose Doulens, et se perd aussi dans la Manche.

Calais est une commune médiocrement grande,

assez forte, et importante pour le commerce, à cause
de sa situation et de sa proximité de l'Angleterre.
Guines, près de la Manche; Ardres près l'Aa; Aire,
sur la Lys, petites communes. La dernière est très-forte
et assez bien bâtie.

Saint-Omer, sur l'Aa. Cette commune est grande,
belle et bien bâtie. C'est une Place forte très-importante; mais elle l'était davantage avant la conquête
de la Belgique. On y fabrique des toiles, des pannes
en laine et poils de chèvres.

Etaple, sur la Canche; Ambletuse sur la Manche,
petites communes. Boulogne, sur cette mer. Cette
commune, qui est très-ancienne, tenait, du tems des
Romains, un rang distingué entre les villes de la Belgique. Son port est assez fréquenté. On fabrique à
Boulogne de la bonneterie, du tricot, du savon noir,
de la fayence; il y a des raffineries de sucre.

Montreuil, Saint-Pol, Hesdin, sur la Canche;
Béthune, sur la Biette; Villers et Saint-Venant au
Nord - Ouest de. Béthune, petites communes dont
quelques-unes sont fortifiées.

Arras, sur la Scarpe, chef-lieu. Cette commune est
grande, belle et bien fortifiée. On y fait beaucoup
d'huile: on y fabrique des dentelles, de la batiste,
des bas, du savon noir, de la porcelaine, des toiles: il
y a des raffineries de sucre et une blanchisserie. Arras
a donné naissance à un monstre; à Robespierre, d'exé-
crable mémoire.

Bapaume, Place forte près l'Authie. Cette commune est bâtie assez régulièrement ; mais elle n'offre de curieux que ses fortifications.

ARTICLE III.

Le Département de la Somme.

Il est borné au Midi par le département de la Seine-Inférieure et par celui de l'Oise ; à l'Orient par le département de l'Aisne, au Septentrion par celui du Nord ; au Couchant par la Manche.

On récolte dans ce département du froment, du seigle, de l'avoine, des graines ; il produit du chanvre, du lin : on y élève des bêtes à laine et à cornes, des chevaux et de la volaille : il y a des mines de charbon de terre.

La Somme, qui lui donne son nom, sort de la partie méridionale du département de l'Aisne. Elle coule d'abord du Nord-Est au Sud-Ouest jusqu'à Ham, ensuite presqu'en droite ligne vers le Nord jusqu'à Péronne, puis au Nord-Ouest, et se jette dans la Manche, entre le Crotoi et Saint-Valery. Elle traverse presque par le milieu le département qui lui doit son nom, passe à Saint-Quentin, à Péronne, à Corbie, à Amiens, à Abbeville.

Péronne est une Place forte : on la surnomme la Pucelle, parce qu'elle n'a jamais été prise. Les marais

immenses qui l'environnent, la défendent mieux que
ses fortifications.

Mont-Didier et Roye sont de petites communes,
sur une rivière qui se perd dans la Somme à gauche.
On fabrique à Mont-Didier de la bonneterie, des
chapeaux; il y a des blanchisseries de cire. Roye fait
un commerce assez considérable de bas au métier, et
d'étoffes tricotées pour habits.

Amiens, sur la Somme, chef-lieu. Cette commune
est ancienne, grande, belle, commerçante et bien
peuplée. Les rues sont grandes, larges et ornées de
beaux édifices publics et particuliers. Il y a de riches
fabriques de toutes sortes d'étoffes de laine et de poil
de chèvres, pluches, camelots, pannes à ramage façon
de velours d'Utrecht; on y fait aussi du savon, du
papier, de l'huile de graines. Corbie est une très-
petite commune qui n'a rien de remarquable.

Abbeville, sur la Somme. Cette commune est considérable, très-commerçante et bien peuplée. Ses manufactures de draps fins connus sous le nom de *Vauro-
bais*, sont très-renommées; on y fabrique aussi des
serges, des bouracans et des pluches.

Albert, près la Somme, Bray sur cette rivière,
Nesle, près de la même, au Sud-Est d'Abbeville
n'ont rien de curieux. Doulens est une petite commune
qui est défendue par deux Citadelles.

Saint-Valery, le Crotoi, sur la Manche: Crécy,

petites communes. La première a un port ; la dernière est fameuse par la bataille que les Français y perdirent le 26 Août, 1346, contre les Anglais.

ARTICLE IV.

Le Département de la Seine-Inférieure.

Le département de l'Eure le borne au Midi ; ceux de l'Oise et de la Somme au Levant ; la Manche au Septentrion et au Couchant.

Le terroir de ce département produit abondamment du froment, du seigle de l'avoine de l'orge, des graines, du chanvre, du lin, des pommes, des poires : on y élève des bêtes à cornes et à laine, de la volaille : on y fait beaucoup de beure, des fromages, de l'huile de navette : il y a des eaux minérales, des mines de fer.

Ce département est arrosé par beaucoup de petites rivières, dont les principales sont :

La Saane qui a sa source au Sud-Est de Totes vers le milieu du département, et qui arrose Longueville :

L'Arques qui a la sienne à l'Ouest de Forges ; elle arrose Arques et Dieppe, et reçoit à droite la petite rivière de *Béthune* qui baigne Neuchâtel :

L'yère, qui arrose Fauquemont, Grandcourt et Criel : elle a sa source auprès de Fauquemont :

La Bresle ; elle a la sienne au midi d'Aumale, sur

les confins du département de l'Oise et de la Somme, arrose la partie du Sud-Ouest du dernier, baigne Aumale et Eu.

L'Epte : elle a aussi sa source auprès de Forges; arrose Baudemont et Gisors dans le département de l'Eure, et se perd dans la Seine. Les quatre autres se déchargent dans la Manche.

Arques et Eu, communes peu considérables. Il se fait un grand commerce de Serges et de dentelles dans la dernière.

Dieppe a un bon port sur la Manche. Cette commune est très-jolie; les rues sont larges, et les maisons bâties pour la plupart d'une manière uniforme. La pêche des harens et des merlans, et les ouvrages d'ivoire sont les principales branches du commerce de Dieppe. Sès habitans découvrirent la côte de Guinée, où ils firent les premiers le commerce des dents d'éléphans.

Aumale, sur la Bresle, est une petite commune qui est très-renommée pour ses fabriques de serge.

Neuchâtel. Cette commune est agréablement située, et renommée pour ses excellens fromages. On y fabrique de l'Alexandrine qui imite celle qui se fabrique à Alexandrie, des cuirs noirs, blancs et passés à l'huile.

Gournai , sur l'Epte; Forges, près cette rivière

sont deux petites communes, dont l'une est renom·
mée pour son excellent beure, l'autre pour ses eaux
minérales.

Rouen, sur la Seine, chef-lieu. Cette commune
est grande, riche, bien peuplée et très-commerçante;
mais elle n'est pas belle; les rues sont étroites, mal
propres, et les maisons mal-bâties. Le pont sur lequel
on passe la Seine est ce qu'il y a de plus curieux
à Rouen. Ce pont, qui est construit sur dix-neuf
bateaux est de bois et pavé; il s'ouvre pour laisser
passer les vaisseaux qui remontent de la Manche,
se hausse et se baisse suivant la marée. Le quai qui
borde la Seine est très-beau. Les plus beaux édifices
de Rouen sont l'ancienne cathédrale et la bourse; on
y voit aussi deux beaux cours le long de la Seine. Il
y a peu de communes dans la République où le commerce soit aussi florissant qu'il l'est à Rouen. Il y a
une quantité prodigieuse de manufactures, où l'on
fabrique des étoffes de laine, des toiles de fil et de
coton, des mouchoirs, des siamoises, des indiennes,
des mousselines, des velours, des cordes, des aiguilles, des épingles, de la fayence, de la poterie, etc.
etc.; il y a des raffineries de sucre; on y fait des liqueurs, du vinaigre et du cidre.

Darnetal, près la Seine, petite commune voisine
de Rouen, elle est connue pour ses manufactures
de draps.

Caudebec est une commune considérable située sur la rive droite de la Seine. Son port est assez fréquenté. Il y a des tanneries, des vinaigreries, des amidonneries, des blanchisseries de toiles et de coton ; on y fait beaucoup de chapeaux.

Le Havre-de-Graces, sur la rive droite de la Seine, à son embouchure. Cette commune est belle, riche et bien peuplée. Son port est très-fréquenté, et son heureuse situation est très-favorable à son commerce. Il y a des raffineries de sucre : on y fait des toiles à voiles et des cordages ; on y construit des vaisseaux marchands. C'est un des principaux ports pour le commerce avec les Etats du Nord de l'Europe : on y apporte de la potasse, des douves, des planches, des bois de construction, du chanvre, du lin, de la graine de lin, du suif, de la cire, de la colle de poisson, de l'huile de baleines, de la morue, des plumes, des soies de porcs, des fourrures, du fer, du cuivre, et quelquefois du bled.

Montivilliers, près la Seine, Harfleur sur ce fleuve ; Fécamp, sur la Manche, petites communes. La seconde était connue par sa fameuse abbaye qui avait des revenus immenses.

Il se tient à Cany des marchés considérables ; on y fabrique de l'huile de graine de lin et de rabette. La rabette est une espèce de choux dont la graine donne de l'huile par expression.

Les quatre départemens dont nous venons de faire la description embrassent presque la totalité des provinces, qui, avant la révolution, occupaient la partie du Nord-Ouest de la France, savoir, la Flandre Française, la Picardie, et la partie du Nord-Est de la Normandie : (nous parlerons de celle-ci dans l'article suivant).

La Flandre Française était située entre la Manche, la Picardie, la Champagne et les Pays-Bas Autrichiens. Cette province comprenait la Flandre Française proprement dite, le Cambresis et le Haiuaut Français. Lille était la capitale de la première. Cambrai et Valenciennes des deux autres.

La Picardie s'étendait de l'Ouest à l'Est entre la Flandre Française et la Normandie. Elle était divisée en haute et basse. La haute, dont Amiens était la capitale, renfermait la Picardie propre, le Santerre, le Vermandois et la Thiérache. Peronne était la capitale du Santerre; St.-Quentin du Vermandois; Guise de la Thiérache. La basse contenait le Pays reconquis, le Boulonnais, le Ponthieu et le Vimeux. Calais était la capitale du pays reconquis; Boulogne du Boulonais; Abbeville du Ponthieu; St.-Valery du Vimeux.

L'Artois, dont Arras était la capitale, faisait partie du gouvernement de Picardie.

ARTICLE

A R T I C L E V.

Le Département de l'Eure.

Il est situé entre les départemens de la Seine-Inférieure, du Calvados, d'Eure-et-Loire et de Seine-et-Oise.

Ce département produit des graines, des poires, les pommes dont on fait du cidre, du bois, du vin, mais qui n'a pas beaucoup de qualité. On y élève des bêtes à laine et des chevaux.

L'Eure, dont il emprunte son nom, sort du département de l'Orne. Elle a sa source au Nord-Est de Bellesme, traverse une partie du département d'Eure-et-Loir, et la partie du Nord-Est de celui qui lui doit son nom : elle passe à Chartres, à Maintenon et à Louviers, et se perd dans la Seine, vers le Pont-de-l'Arche.

La Rille en arrose la partie occidentale ; l'Iton et l'Aure celle du Sud-Est.

La Rille prend sa source au Sud-Ouest de l'Aigle dans le département de l'Orne, baigne cette commune, passe à Beaumont-le-Roger et au Pont-Audemer ; puis se jette dans la Seine, vers l'embouchure de celle-ci.

L'Iton a sa source au Sud-Ouest de Conches, passe à Evreux et se décharge dans l'Eure à gauche au-dessous de Louviers.

L'Aure sort de la partie orientale du département

B

de l'Orne, arrose Verneuil et Nonancourt, et se perd dans l'Eure, au-dessous de Chartres.

Pont-Audemer est une petite commune qui n'offre rien de curieux. Quillebeuf, sur la rive gauche de la Seine. Les gros vaisseaux qui remontent cette rivière, y déchargent ordinairement leur marchandises.

Louviers est renommé pour ses manufactures de draps fins. Les Andelys, sur la rive droite de la Seine, sont deux petites communes séparées l'une de l'autre par la route de Paris à Rouen. Lihons, prés l'*Andelle*, petite rivière qui se perd dans la Seine, au-dessous des Andelys; Gisors, sur l'Epte; Ecouis près de cette rivière, petites communes.

Evreux, sur l'Eure, chef-lieu. Cette commune est ancienne et médiocrement grande. On y fabrique des ratines, de l'espagnolette, du coutil, de gros draps, des aiguilles, des épingles. Elbeuf, au Nord-Est d'Evreux est renommé pour ses manufactures de draps fins, dont on fait un grand commerce.

Bernay, Brionne et Beaumont - le - Roger sur la Rille, ne sont que de très-petites communes. On tient à Bernay des marchés considérables où il se fait un grand commerce de bestiaux. Beaumont-le-Roger est une assez jolie commune sur une éminence.

Verneuil et Nonancourt sont deux petites, mais jolies communes agréablement situées. On prépare à Verneuil des cuirs et des peaux.

Le département de l'Eure et celui de l'Yonne sont les deux seuls qui tirent leur dénomination des rivières qui se perdent à gauche dans la Seine. Le premier est formé d'une partie de la moyenne et basse Normandie.

La Normandie, dont Rouen était la capitale, était bornée au Nord par la Manche ; à l'Orient par l'Ile de France et la Picardie ; au Midi par le Maine et le Perche ; à l'Occident par l'Océan. Elle était divisée en haute et basse. Rouen était la capitale de la première ; Caen de la dernière. La haute Normandie comprenait sept petits pays ; le Vexin Normand, le Roumois, le Pays-de-Caux, le Bray, le Pays-d'Auge, le Lieuvin, et le Pays d'Ouche : la basse renfermait le Pays d'Oulme, le Bocage, le Cotentin et le Bessin. Dieppe était la capitale du Pays-de-Caux ; Rouen du Vexin Normand ; Quillebœuf du Roumois ; Gournai du Bray ; Lisieux et Honfleur étaient les villes les plus considérables du Lieuvin et du Pays d'Auge ; Evreux était la capitale du Pays d'Ouche ; Alençon, Séez et Domfront étaient les villes les plus remarquables du Pays d'Oulme ; Vire, était la capitale du Bocage ; Coutance du Cotentin ; Caen et Bayeux étaient les seules villes remarquables du Bessin.

ARTICLE VI.

Le Département de Seine-et-Oise.

Il est borné au Midi par le département du Loiret ;

à l'Est par celui de Seine et Marne; au Septentrion par celui de l'Oise; au Couchant par ceux de l'Eure et d'Eure-et-Loir.

Ce département est en général très-fertile. Son terroir produit beaucoup de grains de toute espèce, du lin, du chanvre, des châtaignes et autres fruits, des légumes et du vin, mais qui n'est pas de la première qualité. La Seine en arrose la partie septentrionale d'une extrémité à l'autre; l'Oise, dont on trouvera le cours à l'article du département de son nom, en baigne une partie.

Les autres rivières de ce département, sont l'Orge, et l'Yvette.

L'Orge y prend sa source au Nord-Ouest de Dourdan; traverse en entier la partie méridionale du Sud-Ouest au Nord-Est; passe à Dourdan à Arpajon; et se perd dans la Seine au-dessous de Corbeil.

L'Orge reçoit l'Yvette qui a sa source à l'Occident de Dampierre; elle arrose Chévreuse et Palaiseau, et passe près de Lonjumeau.

Pontoise, Beaumont-sur-Oise et Meulan n'ont rien de remarquable. Mantes est une jolie commune située sur la rive gauche de la Seine; le pont sur lequel on la passe est très-beau. Magny, près l'Epte, n'a rien de remarquable.

Poissy. Cette commune est renommée pour le marché où se vendent presque tous les bestiaux qui servent à l'approvisionnement de Paris.

Versailles, près de la Seine, est le Chef-lieu du département. Cette commune est connue pour avoir été le séjour ordinaire des trois derniers rois des Français. Rien n'était plus beau, plus riche, ni plus régulier que le Château, la Chapelle et les Jardins. Les appartemens du Château où l'on avait prodigué les dorures, attestaient le faste du Monarque, qui les habita le premier.

Chévreuse, jolie petite commune, au Sud-Ouest de Versailles, sur l'Yvette. Marly, sur la Seine. Cette commune est connue par la machine qui fournit de l'eau à Versailles.

On voit à Saint-Cloud un magnifique château qui, quelques années avant la révolution, coûta des sommes immenses à réparer et à embellir. C'était le séjour de prédilection de Marie Antoinette.

Montagne-du-bon-Air, (ci-devant Saint-Germain en Laye), jolie commune située sur une montagne, à l'entrée d'une belle forêt. De la terrasse qui est sur le bord de la montagne, on jouit de la plus belle vue qu'il soit possible d'imaginer. On fabrique des indiennes dans cette commune.

Monfort-l'Amaury, sur la *Maudre*, petite rivière qui se perd dans la Seine, au-dessous de Meulan ; Houdan, sur la *Vegre*, autre petite rivière qui se perd dans l'Eure à droite, au-dessous d'Ivry, n'offrent rien de curieux.

Dourdan, sur l'Orge ; Saint-Arnoul, sur la même ; Rochefort, sur la *Remade*, petite rivière qui se perd dans l'Orge à Châtres, Rambouillet, communes peu considérables. La dernière est connue par son magnifique château.

Etampes, sur la Juine. Cette commune est assez jolie, assez considérable et commerçante. Son principal commerce consiste en bled et en farine pour l'approvisionnement de Paris. La Juine sort du département du Loiret et se perd dans l'Essonne, au-dessous de la Ferté-Alais. L'Essonne est une rivière assez considérable, qui a sa source à l'Orient de Villeneuve-aux-Bois dans le département du Loiret ; elle y arrose Pitiviers, Malsherbe, et la Ferté-Alais ; celle-ci est une très-petite commune dans celui de Seine-et-Oise ; elle se décharge dans la Seine à Corbeil.

Milly, sur l'Ecole, petite commune qui n'a rien de remarquable que les marchés qui s'y tiennent deux fois par décade, et où il se fait un assez grand commerce de légumes secs.

Corbeil, petite, mais jolie commune agréablement située sur le bord de la Seine. Il y a un moulin à poudre et des moulins à bled qui sont très-beaux.

Essonne, petite commune sur la route de Paris à Fontainebleau.

Montmorency, près de la Seine. Cette commune est située dans une superbe plaine à laquelle elle donne son nom. Luzarche, très-petite commune.

Gonesse, sur la Rouillon petite rivière qui se perd
dans la Seine à droite au-dessous de Franciade ; cette
commune est renommée par le bon pain qu'on y
fait : elle est peuplée de boulangers qui en apportent
à Paris.

Le département de Seine-et-Oise est formé de la
partie occidentale de l'Ile-de-France, de la partie septentrionale de l'Orléanais, et d'une partie de la haute
Normandie.

L'Ile-de-France, dont Paris était la capitale, était
bornée au Nord par la Picardie ; à l'Orient par la
Champagne ; au Midi par l'Orléanais ; à l'Occident
par la Normandie.

Le gouvernement de l'Ile-de-France comprenait dix
pays : savoir, un dans le milieu, qui était l'Ile-de-
France proprement dite ; deux au Sud-Est, la Brie
Française, le Gâtinais_Français ; un au Sud-Ouest,
le Hurepoix ; un à l'Occident, le Mantois ; deux au
Nord-Ouest, le Vexin Français, le Beauvoisis ; trois
au Nord-Est, le Valois, le Soissonnais, le Laonais.

Paris était la capitale de l'Ile-de-France, proprement dite et de tout le Royaume : Corbeil, Brie-Comte-
Robert étaient les villes les plus considérables de la Brie-
Française : Melun et Nemours du Gatinais-Français :
Dourdan était la capitale du Hurpoix : Mantes du Man-
tais ; Pontoise du Vexin-Français : Beauvais du Beauvoisis : Senlis et Compiègne étaient les deux villes les plus

considérables du Valois : Soissons était la capitalle du Soissonnais : Laon du Laonnais.

ARTICLE VII.
Le Département de la Seine.

Il est situé au milieu de celui de Seine-et-Oise et ne renferme que trois communes, Paris, Franciade et Bourg-l'Egalité.

Paris est une des plus anciennes, des plus grandes, des plus belles, des plus riches, des plus peuplées et des plus florissantes communes dé la France et du monde entier. Elle a environ quatre myriamètres de tour et un de diamètre. Elle renferme une infinité de Palais superbes ; tels sont le Louvre (aujoud'hui le Palais des Sciences et des Arts), les Tuileries, le Luxembourg, (aujourd'hui le Palais Directorial), le Palais National, etc., et plusieurs édifices superbes, parmi lesquels on remarque l'Hôtel des Invalides et son suberbe Dôme, l'Ecole Militaire, les Ecoles de Chirurgie, le Panthéon, la ci-devant Cathédrale, etc. etc.

On passe la Seine sur plusieurs ponts magnifiques : on admire sur-tout celui qu'on appelle le *Pont-Neuf* pour sa largeur et sa longueur extraordinaire. Paris est depuis long-tems le séjour des Sciences et des Arts. Le Corps Législatif y tient habituellement ses séances, etc., etc., etc.

- Saint-Denis (aujourd'hui Franciade) était célèbre par son abbaye qui ressemblait plutôt à un magnifique palais qu'à une retraite de moines. Cette abbaye avait des revenus immenses qui auraient suffit pour faire subsister honnétement chaque année, trois ou quatre cents familles. Cinquante ou soixante moines désœuvrés, et vivant dans l'indolence, suffisaient pour les absorber. Chose étonnante ! parmi cette foule de personnages inutiles, qui ont habité pendant tant de siècles cette suberbe abbaye, on ne compte qu'un seul grand homme, *Suger* qui en était abbé vers le milieu du douxième siècle, homme sage, qui avait beaucoup de part au gouvernement sous le règne de Louis le Gros, et qui fit tout ce qui dépendait de lui pour détourner Louis VII du projet insensé qu'il avait formé, à la sollicitation de l'Abbé de Clair-vaux, d'abandonner ses Etats, pour aller faire couler par torrens le sang Français sur une terre étran-gère....

Bourg-l'Egalité est une jolie commune située au Sud-Ouest de Paris. On y fabrique de la porcelaine et de la fayence.

A R T I C L E VIII.

Le Département de Seine-et-Marne.

Il est entouré des départemens du Loiret, de l'Yonne, de l'Aube, de la Marne, de l'Aisne, de l'Oise et de Seine-et-Oise.

Ce département produit du bled en abondance, particulièrement dans la partie septentrionale, du seigle, de l'avoine, de l'anis, de la coriandre, du vin : on y fait des fromages connus sous le nom de fromages de Brie, qui sont très-renommés et dont il se fait un grand commerce.

La Seine traverse ce département presque par le milieu.

La Marne, qui s'y perd à Conflans au-dessous de Paris, a sa source dans le département de la Haute-Marne, près de Langres. Elle traverse du Sud-Est au Nord-Ouest la plus grande partie de ce département, qui lui doit son nom, celui de la Marne, qui lui doit pareillement le sien, la partie méridionale de celui de l'Aisne, et la partie septentrionale de celui de Seine-et-Marne. Elle passe à Joinville, à Vitry-sur-Marne, à Châlons, à Epernai, à Château-Thierry, à Meaux.

Les autres rivières de ce département sont : le Loing, l'Almont, l'Yère, le Morin, le petit Morin et la Voirye.

Le Loing à sa source au Sud-Est de St.-Fargeau dans le département de l'Yonne, traverse la partie orientale de celui du Loiret, et la partie méridionale de celui de Seine-et-Marne, arrose Saint-Fargeau et Châtillon, passe à Montargis dans le département du Loiret; baigne Nemours et Moret dans celui de Seine-et-Marne, et se décharge dans la Seine, au-dessous de Montereau.

L'Almont prend sa source à l'Orient de Nangis dans la partie orientale du département de Seine-et-Marne, arrose cette commune et Blandy, et se perd dans la Seine à Mélun.

L'Yère a la sienne à l'Orient de Rozoy, traverse le département de Seine-et-Marne par le milieu, du Sud-Est au Nord-Ouest, arrose la partie du Sud-Est de celui de Seine-et-Oise et se perd dans la Seine à Ville-Neuve-Saint-Georges, qui est de ce dernier département.

Le Morin sort du département de la Marne, arrose la Ferté-Gaucher, Coulomiers et Crecy dans celui de Seine-et-Marne ; puis se perd dans la Marne.

Le petit Morin sort aussi du département de la Marne, y arrose Montmireil, traverse la partie méridionale de celui de l'Aisne, une partie de celui de Seine-et-Marne, et se perd également dans la Marne.

La Voirye prend sa source au Nord-Est de Provins, baigne cette commune, et se décharge dans la Seine, au-dessous de Bray.

Nemours, sur le Loing. Cette commune, qui est médiocrement grande, est assez jolie et bien peuplée. Il y a des moulins à tan et des tanneries : les environs ne sont pas très-fertiles en bled, mais il y a de bonnes prairies ; il s'y tient des marchés où l'on vend beaucoup de beure, de volailles et des porcs, et plusieurs foires par an, où l'on vend des chevaux et autres bestiaux.

A l'Occident de Nemours, près la source de la rivière d'Eole qui passe à Milly, et qui se perd dans la Seine, au-dessous de Melun, est une petite commune nommée Achères qui est assez remarquable par la singularité de sa situation. Une partie des maisons est bâtie sur un banc de roches, ce qui en rend l'accès assez difficile. On voit au milieu de cette commune une très-belle pièce d'eau qui en fournit, dans les années de sécheresse, aux communes environnantes.

Au Sud-Ouest d'Achères est une très-belle plaine, au milieu de laquelle sont les restes d'une ancienne *Ladrerie*, qui méritent l'attention des curieux.

Château - Landon, au Sud - Ouest de Nemours ; cette commune n'est pas très-considérable ; mais elle est très-ancienne puisqu'elle soutint un siége contre César, la même année où il se rendit maître d'Orléans. On y fait un grand commerce de beure et de volaille.

Moret est une petite commune où l'on voit des moulins à scier des planches, très-curieux.

Fontainebleau est une des plus jolies communes du département de Seine-et-Marne. La plupart des rues sont larges et bien percées, les maisons bien bâties.

Son château, quoiqu'irrégulier est très-beau ; les jardins et les parterres étaient magnifiques : de superbes pièces d'eau les embellissaient.

Cette commune est située à-peu-près au milieu de la Forêt de son nom. Cette forêt, avant la révolution, était comme surchargée de gibier de toute espèce qui causait des dégats affreux dans toutes les communes environnantes. Il s'était tellement multiplié depuis une trentaine d'années, que presque toutes les terres voisines de la forêt, étaient totalement abandonnées ; parce que le cultivateur, rebuté et las de semer tous les ans, sans rien récolter, les avait laissées en friche. Toutes ces terres, naturellement productives, ont été défrichées depuis la révotution et produisent abondamment des grains de toutes espèces.

Melun. Cette commune est très-ancienne, médiocrement grande et bien peuplée ; mais elle n'est pas belle ; les rues sont étroites, mal percées et mal propres. Il se fait à Melun un commerce assez considérable de farine ; il y a une verrerie établie depuis quelques années, et une manufacture considérable de toiles peintes, aussi estimées que celles de Jouy. Les ponts sur lesquels on passe la Seine, et qui partagent la commune en trois parties, sont très-beaux. La pâtisserie de Melun est renommée ; le pain est excellent : les habitans sont honnêtes, polis et affables. Melun est le chef-lieu du département.

Brie-sur-Yère (ci-devant Brie-Comte-Robert) est une commune médiocrement grande et où il se fait un commerce assez considérable de bestiaux.

Provins, sur la Voirye, est une commune très-ancienne, où l'on voit quelques restes d'antiquités. Il s'y fait un commerce considérable de bled.

Rozoy, la Ferté-Gaucher, Coulommiers, communes peu considérables, mais situées dans un pays extrêmement fertile en bled.

Meaux, sur la Marne. C'est une commune ancienne et considérable, mais mal bâtie. Son terroir est fertile en bled, en vin et en bois. Les meilleurs fromages de Brie viennent des environs de Meaux, où il s'en fait un commerce considérable.

Le département de Seine-et-Marne est formé d'une partie du gouvernement de l'Ile-de-France ; de la Brie ; de la partie occidentale de la Champagne ; d'une partie du Soissonnais et du Gatinais-Français.

La-Brie se divisait en Brie Française et en Brie Champenoise. Brie-Comte-Robert était la capitale de la première ; Meaux l'était de la seconde. Celle-ci se divisait en Haute et Basse Brie et en Brie pouilleuse, ou *Pays de Gallevesse* ; Provins était la capitale de la basse Brie. ; Meaux de la haute : Château-Thierri de la Brie pouilleuse.

Le Gâtinois se divisoit en Gâtinois Français et en Gatinais Orléanais. Melun était la capitale du premier ; Montargis l'était du second.

A R T I C L E I X.

Le Département de l'Oise.

Il est borné au Midi par le département de Seine-
t-Marne et par celui de Seine-et-Oise ; à l'Orient
ar celui de l'Aisne ; au Nord par celui de la Somme ;
 l'Ouest par celui de la Seine-Inférieure.

Ce département produit du froment et autres
rains, du chanvre, du lin, du bois : on y fait du
idre et de l'huile de navette ; on y engraisse de la
olaille ; on y recueille de la laine.

L'Oise qui lui donne son nom, sort de la partie
eptentrionale du département de l'Aisne, au pied de
la châine de rochers qui le traverse, dans un endroit·
appelé le *fourneau de Sologne*. Elle traverse la partie
du Nord-Est du département de l'Aisne, la partie du
Sud-Est de celui qui lui doit son nom, une partie de
celui de Seine-et-Oise, passe à Guise, à Nyon, à
Compiégne, à Beaumont, à Pontoise, et se décharge
dans la Seine au-dessous de Mantes.

Les autres rivières de ce département sont ; le Thérain, la Bresche et la Nonnette.

Le Thérain a sa source au Nord-Ouest de Beauvais qu'il arrose, et se perd dans l'Oise au-dessous
de Creil.

La Bresche a la sienne au Nord de la même commune et se jette aussi dans l'Oise. La Nonnette, qui

s'y perd aussi, est une très-petite rivière qui arrose Senlis.

Chaumont, près l'Epte, petite commune qui n'offre rien de curieux. Clermont jolie petite commune située sur une haute montagne, au pied de laquelle coule la Bresche. On y fait un grand commerce de bled.

Beauvais, sur le Thérain, chef - lieu. Cette commune est ancienne, peuplée, passablement belle et marchande : on y voit plusieurs belles rues. Le commerce est florissant à Beauvais : on y fabrique des draps, des serges, des tapisseries de haute lice, des indiennes, des toiles, de la couperose : il y a des blanchisseries : on y fait de la poterie de terre.

Gerberoi, Grandvillier, Breteuil, près du Thérain, communes peu considérables. On fabrique à Granvillier des étoffes de laine, de la bonneterie, des savons verds et rouges, de la chapellerie.

Senlis. Cette commune située sur le penchant d'une colline n'a rien de remarquable. Pont-Saint-Maxence, Creil, sur l'Oise, n'offrent rien digne d'être remarqué.

Chantilly, sur la Nonnette, est un séjour délicieux. Crespy : il y a deux communes de ce nom, l'une près l'Oise, l'autre près de la Serre ; la première se nomme Crespy en Valois ; l'autre Crespy en Laonois.

Compiégne, au confluent de l'Aisne et de l'Oise. Cette commune est agréablement située à l'entrée de la forêt de son nom.

Noyon

Noyon, sur une petite rivière qui se perd dans l'Oise, est une commune ancienne et considérable. Les rues sont bien percées : on y fabrique des toiles et de la bonneterie.

Le département de l'Oise embrasse une partie de l'Ile-de-France, la partie du Sud-Est de la Picardie, et une petite partie de la Haute Normandie.

ARTICLE X.

Le Département de l'Aisne.

Ce département est limitrophe de ceux de Seine-et-Marne, de l'Oise, de la Somme, du Pas-de-Calais, du Nord, des Ardennes, et de celui de la Marne. Il est très-fertile en toutes sortes de grains, et en fruits; il produit du vin; on y élève des bêtes à cornes.

L'Aisne, qui donne son nom à ce département, sort de la partie occidentale de celui de la Meuse, traverse la partie du Nord-Est de celui de la Marne, celui qui lui doit son nom par le milieu de l'Est à l'Ouest, une partie de celui des Ardennes, passe à Rhetel et à Soissons, et se perd dans l'Oise à Compiégne.

Les autres rivières de ce département sont l'Ourque et la Serre.

L'Ourque a sa source au Nord-Est de Fère en Tardenois, dans le département de l'Aisne, y arrose la Ferté-Milon, et Lisy dans celui de Seine-et-Marne ; et se perd dans la Marne au-dessous de Meaux.

La Serre sort de la Branche de rochers qui traverse le département de l'Aisne, traverse de l'Est à l'Ouest la partie septentrionale du département de l'Aisne ; et se perd dans l'Oise au-dessus de Chauny.

Château - Thiery. Cette commune, qui est située avantageusement sur la rive droite de la Marne, fait un commerce considérable de bled et de vin. C'est la patrie du célèbre poëte La Fontaine.

La Ferté-Milon, petite commune où naquit Racine. Villers - Cotterets, près l'Ourque ; Cœuvres, près l'Aisne, petites communes.

Soissons, sur l'Aisne. Cette commune qui est très-ancienne, est située dans un vallon fertile. Elle est considérable, et a été la capitale d'un royaume qui portait son nom.

Chany, la Fère, sur l'Oise, Saint-Gobin, près la même ; Coucy, sur la Dellette, petite rivière qui se perd dans l'Ourque à droite, ne sont pas des communes considérables.

Laon, entre l'Aisne et la Serre, chef-lieu. Cette commune est située sur une hauteur. Les vins des environs sont estimés, et son territoire est fertile en artichaux excellens.

Vervins, près la Serre ; Guise, sur l'Oise ; Capelle et Aubenton, près la même, petites communes. La pro-

mière est célèbre par le traité de paix fait entre Henri
IV et Philippe II, roi d'Espagne, en 1598.

Saint-Quentin, sur la somme. Les remparts de cette
commune offrent une promenade charmante. On y
fabrique une grande quantité de batiste, de linons,
de gazes, de marlis, de mignonettes, de bazins; il
y a des blanchisseries.

Vermand, petite commune près la Somme.

Le département de l'Aisne, embrasse une partie du
Soissonnais, de la Picardie, du Cambresis, de l'Ile-
-de-France et la partie du Nord-Ouest de la Cham=
pagne.

La Champagne était bornée au Nord par la Forêt
des Ardennes, qui la séparait du Comté de Namur
et du Luxembourg; à l'Orient, par la Lorraine; au
Midi, par la Bourgogne; et à l'Occident par l'Ile-de-
France. Elle était divisée en haute et basse : la haute
vers le Septentrion, comprenait le Rémois, le Pertois et le Rethelois : la basse vers le Midi embrassait
la Champagne propre, le Vallage, le Bassigni, le
Sénonois. Reims était la capitale du Rémois; Vitri-
le-Français et Saint-Dizier étaient les seules villes
remarquables du Pertois ; le Rhéthelois renfermait
Rhethel, Sedan, Mezières, Charleville et Rocroi.
Troyes était la capitale de la Champagne propre et
de toute la province; Joinville du Vallage; le Bassigni renfermait Vaucouleurs, Langres et quelques

autres petites villes ; Sens était la capitale du Sénonois. La Brie Champenoise dépendait de ce gouvernement. (Voyez sa division ci-dessus).

La Champagne, dès les premiers tems de la monarchie fut érigée en Comté. Ses comtes devinrent
dans la suite si puisssans, que quoiqu'ils fussent vas-
saux des rois de France , ils les égalèrent en puissance , les surpassèrent quelquefois, et leur firent souvent la guerre. Ce ne fut qu'en 1284 que la Champagne fut réunie à la Couronne , par le mariage de
Jeanne , Reine de Navarre et Comtesse de Champagne , avec Philippe-le-Bel.

ARTICLE XI.

Le Département des Ardennes.

Ce departement est entouré de ceux de la Marne ,
de la Meuse , des Forêts , de l'Ourthe , du Nord et
et de l'Aisne. Il est couvert de bois : on y récolte
peu de bled ; mais il est rempli de belles prairies ; et
abonde en pâturages ; on y élève des bêtes à laine ; on
y exploite des mines de fer , et des carrières de marbre
et d'ardoise.

La Forêt des Ardennes , qui lui donne son nom ,
s'avance fort au loin dans celui des Forêts. Elle occupe
presque toute la partie septentrionale de celui qui
en tire sa dénomination. L'Aisne en arrose la partie
du Sud-Ouest ; la Meuse celle du Sud-Est.

L'Aire arrose la partie du Sud-Est de ce département : elle a sa source dans celui de la Meuse, dont elle arrose la partie occidentale, du Sud-Est au Nord-Ouest : elle se perd dans l'Aisne, au-dessous de Grandpré qu'elle arrose.

Grandpré. Cette commune est située dans un excellent pays, au milieu de grandes et belles prairies. Buzanny, près la Meuze ; Vouziers et Attigny, sur l'Aisne, petites communes.

Rhetel, sur l'Aisne. C'est une commune ancienne bâtie sur un rocher. Le pays des environs abonde en pâturages ; c'est celui du département des Ardennes qui produit le plus de bled. On fabrique à Rethel des étamines, des toiles de coton. Château-Portien est une petite commune sur la même rivière.

Sedan, sur la Meuse. Cette commune est renommée pour ses draps fins appelés *Calmoucks*, *Londres*, demi-Londres. On y fait aussi de la bonneterie, des jarretières ; des batteries de cuisine. Toutes ces manufactures rendent cette commune très-commerçante, et enrichissent les habitans.

Mezières, sur la Meuse, chef-lieu, n'est séparée de Charleville que par un pont et une chaussée. On fait à Mezières un commerce assez considérable de cuirs forts ; et l'on y fabrique des fusils. Cette commune est forte et défendue par une bonne Citadelle. Charleville est une jolie commune dontles rues sont tirées au cordeau, et les maisons de hauteur égale sont couvertes d'ardoises. On y fabrique des armes à feu, des clous, des bas de laine, des peignes.

Rumigny, et Maubert-Fontaine près la Meuse, petites communes. Rocroi, près de la même, est connu par la fameuse bataille gagnée sur les Espagnols, en 1643, par le duc d'Anghien.

Givet, sur la Meuse, est une place importante et très-bien fortifiée. Charlemont, sur une montagne, au pied de laquelle coule cette rivière, est une commune très-forte.

Philippeville place forte, et Marienbourg ville autrefois fortifiée, à la gauche de la Meuse, étaient enclavés dans les Pays-Bas. Toutes les villes frontières de ce département étaient très-importantes avant la conquête de la Belgique.

Le département des Ardennes embrasse la partie septentrionale de la Champagne, la partie méridionale du Hainaut Français, une partie des trois Evêchés et la partie du Nord-Est du Soissonnais.

ARTICLE XII.

Le Département de la Marne.

Il est borné au Midi par le département de la Haute-Marne et par celui de l'Aube ; à l'Orient par celui de la Meuse ; au Nord par celui des Ardennes ; à l'Occident par ceux de l'Aisne et de Seine-et-Marne.

On y récolte des grains, des vins connus sous le nom de vins de Champagne, et du chanvre.

La Marne partage ce département en deux parties presqu'égales; l'une au Sud-Ouest, l'autre au Nord-Est de cette rivière.

La Vesle, qui y prend sa source au Nord-Est de Châlons, en arrose la partie du Nord-Ouest, passe à Rheims, et se perd dans l'Aisne, au-dessus de Soissons.

L'Ornain baigne celle du Sud-Est. Il prend sa source sur les confins du département de la Haute-Marne et de celui de la Meuse, au pied de cette chaîne de rochers qui traverse ces deux départemens. Il traverse une partie de celui de la Marne, et se décharge dans la rivière de même nom, au-desssous de Vitry-le-Brûlé. Il baigne Gondrecourt, Ligny et Bar dans le département de la Meuse.

Sezanne, sur le Morin; Montmirel, sur le Petit-Morin, Fère-Champenoise, près de l'Aube, petites communes qui n'offrent rien de curieux.

Vitry-le-François, sur la Marne. Cette commune bâtie par François I. est assez jolie, quoique les maisons soient de bois : les rues en sont régulières et les maisons charmantes.

Vitry-le-Brûlé, sur l'Ornain. Cette commune était autrefois considérable : elle est très - médiocre aujourd'hui.

Ce fut dans cette commune que le barbare Louis VII, qui était en guerre avec Thibaut comte de Champagne, fit brûler, en 1143, treize cents personnes qui s'étaient réfugiées dans l'église paroissiale, pour se dérober à la fureur effrenée de ses soldats; quoique ces malheureux jettassent des cris épouvantables, en implorant l'Être Suprême, et en demandant miséricorde, ils ne purent fléchir ce monstre, qui eut l'inhumanité de faire entourer ce peuple désarmé, et de le livrer aux flammes. La plume, quand on retrace de pareils forfaits, tombe de la main, le cœur se trouve serré..... Quelle leçon pour les peuples!

Châlons, sur la Marne, chef-lieu. Cette commune est ancienne, grande et belle. Hors les murs de Châlons, est une longue et belle promenade, d'un myriamètre environ, appellée le *Jard*. Elle conduit à une maison de Campagne, où l'Évêque de Châlons faisait sa résidence ordinaire, lorsque quelques affaires extraordinaires l'appellaient dans son diocèse. On fabrique à Châlons des espagnolettes, des serges, des étamines, des camelots, des surfaits, des sangles.

Epernay, sur la Marne. C'est dans les environs de cette commune que se font les meilleurs vins blancs connus sous le nom de vins de Champagne. On y en fait un commerce considérable. Châtillon-sur-Marne; Dormans, sur la même rivière; Vertus, petites communes.

Rheims, sur la Vesle. Cette commune située dans une vaste plaine entourée de côteaux couverts de vignes, est ancienne, belle et grande. Le portail de la ci-devant Eglise Cathédrale, si vanté et si digne de l'être, est formé de deux tours qui sont majestueuses. On fabrique à Rheims des pains d'épices, des étoffes de laine, des bluteaux, des toiles.

Montagne-sur-Aisne (ci-devant Ste.-Ménéhould). Cette commune, qui est assez considérable, est renommée pour la bonté des pieds de cochons qu'on y apprête, et dont il se fait un grand commerce. Sa situation entre deux rochers et au milieu des marais, la rendent importante.

Le département de la Marne est formé d'une partie de la Champagne, d'une partie de l'Ile-de-France, et de la partie du Sud-Est du Soissonnais.

A R T I C L E X I I I.

Le Département de l'Aube.

Il est entouré des départemens de l'Yonne, de la Côte-d'Or, de la Haute-Marne, de la Marne et de Seine-et-Marne.

Le terroir de ce département ne produit guères de froment; il donne du seigle, de l'avoine, de la coriandre (1), du saffran (2), d'excellens vins : on y élève des chevaux.

---

(1) La Coriandre est la semence d'une plante appelée Coriandre.

L'Aube dont il tire sa dénomination, est la première des rivières qui se perdent dans la Seine dont quelques départemens empruntent leur nom. Elle a sa source sur les confins du département de la Côte-d'Or et de celui de la Haute-Marne, dans la commune d'Auberive. Elle traverse la partie orientale du département de son nom, une partie de celui de la Marne, passe à la Ferté, à Bar, à Arcis. C'est au-dessous d'Anglure qu'elle se perd dans la Seine.

Nogent-sur-Seine. Cette commune est située avantageusement et très-commerçante. Villenox-la-Grande, près de la Seine, et Pont-sur-Seine, petites communes qui n'offrent rien d'intéressant. Arcis, sur l'Aube, et Merry sur la Seine, petites communes.

Troyes, sur la Seine, chef-lieu. Cette commune est grande et très-peuplée; mais elle n'est pas belle, les maisons n'étant bâties que de bois pour la plupart. Les promenades qui l'environnent sont agréables. Le commerce de Troyes est considérable : on y fabrique beaucoup de toiles de coton, des coutils, des serges, des ratines, des espagnolettes, des étamines, de la

---

Cette graine sent la punaise lorsqu'elle est fraîche : elle est très-agréable au goût lorsqu'elle est sèche. On en fait des dragées, et on l'emploie en médecine.

(2) Le Safran est une plante développée par un oignon, dont les étamines sèches et réduites en poudre jaunissent entièrement les liqueurs dans lesquelles on les met.

bonneterie, des aiguilles, des bougies. Piney, petite commune près de l'Aube.

Bar-sur-Aube. Cette commune, qui est ancienne, est située dans une contrée fertile en bons vins. Il s'y fait un commerce considérable de bled. Brienne, près l'Aube; Clairvaux sur la même, petites communes. La dernière était renommée pour sa fameuse abbaye de Bernardins.

- Bar-sur-Seine, et Mussy, sur la même rivière n'ont rien de remarquable. Il y a des papeteries à Bar; on y fabrique de la coutellerie.

On fabrique à Evry-le-Châtel, des toiles, des coutils, des cannevas et des treillis.

Le département de l'Aube est formé d'une partie de la Champagne, de la partie la plus orientale de l'Ile-de-France et de la partie du Nord-Ouest de la Bourgogne.

Le gouvernement de Bourgogne était borné au Nord, par la Champagne; à l'Orient par la Franche-Comté; au Midi par le Beaujolois; et à l'Occident par le Bourbonnais et le Nivernais. Elle était divisée en huit petits pays; il y en avait quatre au Nord, et quatre au Midi. Ceux du Nord étaient le pays de la Montagne, l'Auxerrois, l'Auxois, le Dijonois au Nord-Est : ceux du Midi étaient l'Autunois, le Châlonois, la Charolois, le Mâconnais. Le pays de la Montagne renfermait Châtillon et Bar-sur-Seine. Auxerre était

la capitale de l'Auxerrois ; Sémur de l'Auxois ; Dijon
du Dijonnais et de toute la Province ; Autun de l'Autunois ; Châlons-sur-Saône du Châlonois ; Charolles
du Charollois ; Mâcon, du Mâconnais.

ARTICLE XIV.

Le Département de l'Yonne.

Il est situé à la gauche de la Seine, entre les département de la Nièvre, de la Côte-d'Or, de l'Aube, de
Seine-et-Marne et du Loiret.

Ce departement produit du bled, de l'avoine, du
vin connu sous le nom de vin de Bourgogne, du
chanvre, du bois, de l'écorce de chêne ; il y a des
moulins à tan.

L'Yonne, qui lui doit son nom, prend sa source
dans les montagnes du Morvan, auprès de Château-
Chinon, entre Moulins-Engilbert et Autun, dans le
département de la Nièvre. Elle traverse la partie du
Nord-Est de ce département, celui auquel elle donne
son nom en entier du Sud-Est au Nord-Ouest, passe
à Clamecy, à Auxerre, à Joigny, à Sens, à Pont, et
se réunit à la Seine à Montereau.

Le Serain, le Cousin et l'Armençon arrosent la partie
orientale de ce département, et se perdent tous trois
dans l'Yonne.

Le Cousin a sa source sur les confins du département de l'Yonne et de celui de la Niévre, arrose Avalon dans le premier de ces deux départemens.

Le Serain prend sa source au Sud-Est de Saulieu dans le département de la Côte-d'Or, arrose Noyers et Chablis dans le département de l'Yonne.

L'Armançon a la sienne dans le même département, à l'Ouest de Châteauneuf. C'est au-dessous de Brinnon qu'il se décharge dans l'Yonne.

Sens, sur l'Yonne, est une commune très-ancienne, qui, du tems des Romains, tenait un rang distingué entre les villes de la Gaule. Elle n'est ni belle, ni assez peuplée à raison de son étendue. La petite rivière de *Vanne*, qui remplit ses fossés, fournit à toutes les rues de petits ruisseaux qui les arrosent. On y fabrique des velours de coton, et autres étoffes semblables ; il y a des filatures de coton, des blanchisseries, et des machines à ratiner les étoffes.

Joigny, sur l'Yonne. Cette commune est renommée pour les vins connus sous son nom, qui sont assez estimés. Elle est bâtie sur le penchant d'un côteau couvert de vignes.

Villeneuve. Il y a deux communes de ce nom ; l'une sur l'Yonne, l'autre près de cette rivière. Saint-Florentin, sur l'Armançon n'a rien de remarquable.

Tonnerre, sur la même rivière, est une commune très-renommée pour ses excellens vins, dont on fait un grand commerce avec l'étranger.

Ancy-le-Franc, sur l'Armançon, Ravières, sur la même et Noyers sur le Serain, n'offrent rien de remarquable.

Auxerre, sur l'Yonne, chef-lieu. Cette commune est ancienne considérable est assez belle. Sa situation sur le penchant d'une colline est très-agréable ; il s'y fait un grand commerce de vins.

Chablis, sur le Serain ; Vermenton, sur la *Cure*, au confluent de celle-ci et de l'Yonne, Coulange-la-Vineuse, sur cette dernière rivière, ne sont pas très-considérables, mais les excellens vins que produisent leurs territoires, leur donnent beaucoup de réputation. Cravant, sur l'Yonne, Irancy, près de cette rivière, n'ont rien de remarquable.

Avalon est une jolie petite commune située sur une éminence, au pied de laquelle coule le Cousin. Les vins des environs sont très-estimés. Vezelay, près la Cure n'a rien de remarquable.

Saint-Fargeau, sur le Loing, est une commune ancienne. Blenau, petite commune, sur la même rivière.

Le département de l'Yonne est formé de la partie occidentale de la Bourgogne, de la partie du Sud-Est de l'Ile-de-France et de la partie orientale de l'Orléanais.

Le Canal du Centre, (ci-devant *Canal de Bour-*

gogne), qui joint la Saône avec l'Yonne, traverse la partie occidentale de ce département. Il commence au-dessous de Saint-Jean-de-Losne, sur la Saône, et finit à Tonnère, sur l'Armançon.

A R T I C L E   X V.

Le Département de la Côte-d'Or.

Il est entouré des départemens de Saône-et-Loire, du Jura, de la Haute-Saône, de la Haute-Marne, de l'Aube, de l'Yonne et de la Nyévre.

On récolte dans ce département des grains, des vins, du pastel : on y élève des chevaux : on y exploite du fer.

La Côte-d'Or, dont ce département tire sa dénomination, est une chaîne de petites montagnes, qui s'étend depuis Dijon, jusqu'à Mâcon. Elle est ainsi nommée à cause des excellens vins qu'elle produit. La Saône arrose la partie du Sud-Est de ce département; la Seine celle du Nord-Ouest. L'Ouche et la Tille en sont les rivières les plus considérables avec l'Aroux.

L'Ouche y a sa source, dans la partie méridionale, passe à Dijon, et se jette dans la Saône, au-dessous de St. Jean de l'Osne.

La Tille sort d'une chaîne, de rochers, qui traverse ce département du Sud-Ouest au Nord-Est. Elle passe à Is, et se perd aussi dans la Saône, un peu au-dessus de l'embouchure de celle de l'Ouche.

L'Arroux a sa source au Sud-Est d'Arnay, arrose cette commune, traverse du Nord-Est au Sud-Ouest la partie occidentale du département de Saône-et-Loire, où il arrose Autun, et se décharge dans la Loire, au-dessous de Digoin.

Montbard, sur l'Yonne ; Ste.-Reine près l'Armançon, Flavigny, Saulieu, Pouilly, n'offrent rien de curieux. Saulieu est une commune ancienne qui fait un commerce considérable de vins, de laines et surtout de bestiaux.

Semur, en Auxois, sur l'Armançon. Cette commune qui est médiocrement grande, est située presqu'au centre de la partie de ce département où se trouvent les précédentes.

Arnay-sur-Arroux (ci-devant le Duc). Cette commune est située dans un pays mêlé de montagnes et de plaines. Les pâturages y sont abondans.

Beaune et Nuis, sur deux petites rivières qui se réunissent avant de se perdre dans la Saône. Ces deux communes sont très-renommées pour leurs excellens vins. Beaune, qui est une commune très-ancienne, est située dans une agréable contrée. Elle est médiocrement grande et n'offre rien de curieux.

Saint-Jean-de-Losne, commune médiocrement grande,

grande, sur la Saône, est située au milieu de vastes prairies. Auxonne et Seurre ne sont pas considérables.

Dijon, sur l'Ouche, chef-lieu. Cette commune est très-ancienne, belle et bien peuplée. Les rues sont larges, propres et les maisons bien bâties. Elle est située dans une belle plaine arrosée par l'Ouche et la Suzon. On y fabrique des toiles peintes, des mousselines, des velours de coton, des couvertures de laine, de gros draps. Il y a une blanchisserie de cire et des fabriques de bougies.

Is-sur-Tille ; Talant sur l'Ouche ; Grancey, près la Tille ; Agnay (ci-devant le Duc), près la Seine ; Fontaine-Françoise, près la Saône, petites communes qui n'ont rien de remarquable.

Châtillon-sur-Seine. Cette commune est assez jolie et avantageusement située. La Seine la traverse en deux endroits.

Le département de la Côte-d'Or avait l'avantage de posséder la fameuse abbaye de Citeaux qui était le chef-lieu de l'ordre de tous les Bernardins du monde. C'était une maison, ou plutôt un palais immense entouré de vastes forêts où les moines allaient quelquefois prendre les plaisirs de la chasse pour se délasser des pénibles travaux du cloître.

- L'abbaye de Citeaux avait des revenus immenses, dont on employait tous les ans une partie considérable à faire cultiver dans les meilleurs cantons de la ci-

devant Bourgogne, de superbes vignobles, qui produisaient ordinairement chaque année, assez de vin pour
la provision de l'abbé et des moines.

On trouvait en abondance dans ce délicieux séjour,
comme dans les autres maisons de Bernardins et des
autres ordres religieux, tout ce qui était nécessaire à
la vie. On aurait même pu y goûter quelques douceurs,
y jouir de certaines aisances; mais il était habité par
de saints personnages pour qui tous ces avantages
étaient inutiles, parce qu'ils étaient obligés, pour y
être admis, de faire vœu de pauvreté, et de renoncer
à toutes les sensualités du monde....

Le département de la Côte-d'Or embrasse la partie
du Nord - Est de la Bourgogne, la partie du Sud-
Est de la Champagne, la partie du Nord - Est du
Nivernais et une partie de la Franche-Comté.

A R T I C L E X V I.

Le Département de la Haute-Marne.

Il est situé entre les départemens de la Côte-d'Or,
de la Haute-Saône, des Vosges, de la Meuse, de la
Marne et de l'Aube. Ce département produit du bled,
de l'avoine, du vin, du lin, du chanvre, des
navettes, des pois, de la graine de moutarde : on y
fait des fromages; on y élève des bœufs, des moutons : on y exploite des meules, de la mine de fer.

La Marne traverse ce département presque par le

milieu du Sud-Est au Nord-Ouest. La Voire et la Blaise en arrosent la partie occidentale ; la Meuse celle du Nord-Est.

La Voire et la Blaise sont deux petites rivières, dont l'une se perd dans l'Aube à droite, au-dessous de Bar ; l'autre dans la Marne à gauche, au-dessous de St.-Dizier.

Langres, vers la source de la Marne. Cette commune, qui est très-ancienne, passe pour la plus élevée de la France, étant située sur une haute montagne. La coutellerie de Langres est très-estimée ; on en fait un commerce considérable ; on y fabrique encore des drogues, des toiles de coton ; il y a des filatures de coton, des teintures de laine, des papeteries, des forges. Fayt-Billot, petite commune, au Sud-Est de Langres.

Bourbonne-les-Bains, près de la Meuse, est une commune célèbre par ses eaux minérales. Elles étaient connues des Romains. Ces eaux salutaires attirent chaque année à Bourbonne un grand nombre d'étrangers.

Chaumont, sur la Marne, chef-lieu. C'est une très-jolie commune bâtie sur une montagne. Le commerce de Chaumont consiste principalement en bas de laine, et en gands de peau aussi estimées que celles de Grenoble : on y fabrique aussi de la coutellerie, des drogues, de la bonneterie, de la chandelle ; il y a des blanchisseries de cire.

Arc, sur l'Aujon, petite rivière qui se perd dans la Marne à gauche ; Château-Vilain, sur la même ; la Ferté-sur-Aube ; Nogent-sur-Marne ; Bourmont, près la Meuse ; Andelot, et Vignory, communes peu considérables, et qui n'ont rien de remarquable. Château-Vilain est dans une contrée abondante en bois et en pâturages. Vignory fait un commerce assez considérable de bas de laine.

Joinville, sur la Marne, est une commune remarquable par un vieux château bâti sur un rocher escarpé, où les *Sires* de Joinville faisaient leur résidence. Cette commune est ancienne.

Vassy, sur la Blaise. Cette commune est devenue malheureusement trop fameuse par le massacre des protestans, en 1562 : ce qui donna lieu aux guerres de religion, qui désolèrent si long-tems la France, et la plongèrent dans un Océan de malheurs plus terribles les uns que les autres. Éclaron est une petite commune, qui n'offre rien de curieux.

Saint-Dizier. Cette commune est médiocrement grande. On y fabrique des clous, des broches, des grilles et des portes de fer ; des tonneaux, des sceaux, des bateaux. C'est à St.-Dizier que la Marne commence à porter bateau. Cette commune est l'entrepôt des fers du pays que l'on transporte par eau à Paris.

Le département de la Haute-Marne est formé de la partie du Sud-Est de la Champagne, de la partie du Nord-Ouest de la Franche-Comté, de la partie septentrionale de la Bourgogne et d'une partie de la Lorraine.

La Lorraine, dont Nancy était la capitale, était bornée au Nord par le Luxembourg ; à l'Orient par le Palatinat du Rhin et l'Alsace ; au Midi par la Franche-Comté ; à l'Occident par la Champagne. Elle était divisée en trois parties : le Duché de Lorraine, les trois Évêchés et le Duché de Bar. Nancy était la capitale du Duché de Lorraine. Les trois Évêchés comprenaient trois petits pays, le Messin, le Verdunois et le Toulois. Metz était la capitale du premier, Verdun du second, Toul du troisième. Bar-le-Duc était la capitale du Duché de Bar.

A R T I C L E XVII.

Le Département de la Meuse.

Il est située entre les départemens de la Haute-Marne, des Vosges, de la Meurthe, de la Moselle, des Forêts des Ardennes, et de la Marne.

On y récolte du bled, du vin, des grains, du chanvre, du lin : on y engraisse des bœufs : on y fait de l'eau-de-vie, de l'huile de navette et de faines.

La Meuse le traverse par le milieu, du Sud-Est au

Nord - Ouest. L'Ornain en arrose la partie du Sud-Ouest; les Ornes, celles du Nord-Est; le Chiers baigne la partie septentrionale.

L'Ornain prend sa source sur les confins de ce département et de celui de la Haute-Marne, traverse une partie de celui de la Marne, et se décharge dans la rivière de même nom, au-dessous de Vitry-le-Brûlé. Il passe à Gondrecourt, à Ligny et à Bar.

Les Ornes ont leur source à l'Occident d'Estain, arrosent la partie du Nord-Ouest du département de la Moselle, et se perdent dans la rivière de ce nom entre Metz et Thionville.

Le Chiers a sa source dans la partie méridionale du département des Forêts, arrose la partie septentrionale des départemens de la Moselle et de la Meuse, baigne la partie orientale de celui des Ardennes, et se décharge dans la Meuse, au-dessus de Stenay. Il passe près de Longwi, baigne Longuion dans le département de la Moselle, et coule au pied d'un rocher escarpé, sur lequel est bâti Montmédy.

Vaucouleurs, petite commune agréablement située sur le penchant d'une colline près de la Meuse.

Près de Vaucouleurs est la commune de Dom-Remy où est née la célèbre Jeanne-d'Arc, connue sous le nom de Pucelle d'Orléans, qui fit lever aux Anglais en 1429, le siége de cette ville qui était réduite à

l'extrémité. C'était presque la seule qui restait à Charles VII. Jeanne d'Arc après avoir délivré Orléans, le
conduisit à Rheims où il fut sacré. La Pucelle d'Orléans, après divers exploits, fut prise par les Anglais
qui la firent brûler vive à Rouen.

Gondrecourt, sur l'Ornain, est une commune très-
ancienne. Ligny, sur le même n'a rien de remarquable.

Bar-sur-Ornain (ci-devant Bar-le-Duc), chef-lieu
Cette commune se divise en haute et basse ; la première est sur une montagne ; la seconde dans un beau
vallon. On estime les vins des environs. On fabrique à
Bar des toiles, de la bonneterie, des dentelles, des
confitures, de l'acier.

Commercy et Saint-Mihiel, sur la Meuse, petites
communes. La première est remarquable par un magnifique château. On y fabrique des dentelles ; il y a
une papeterie.

Clermont, sur l'Aire, commune médiocrement
grande, bâtie sur une montagne, dans un pays couvert de bois et abondant en pâturages.

Verdun, sur la Meuse. Les dragées et les liqueurs
font un objet de commerce pour cette commune, qui
est bien fortifiée.

Ce fut dans Verdun que le courageux *Beaurepaire*
commandant de la garnison de cette commune, lors-

que les Prussiens s'en rendirent maîtres, le 2 septembre 1792, se brûla la cervelle, pour ne pas tomber vivant au pouvoir des ennemis, préférant une mort glorieuse à une vie honteuse.

Varennes, sur l'Aire, au Nord-Ouest de Clermont, petite commune où Capet fut arrêté, lorsqu'il s'enfuyait pour aller rejoindre les autres ennemis de la France.

Stenay, commune fortifiée sur la rive droite de la Meuse; Damvilliers, près de ce fleuve, petites communes.

Estain, au Sud-Est de Stenay, sur les Ornes, est une commune ancienne, mais elle n'a rien de remarquable.

Dun, Sur la Meuse, au Sud-Ouest de Stenay; Marville sur l'*Ostain*, petite rivière qui se perd dans la Meuse, à gauche, petites communes.

Montmédy, sur le Chiers. Cette commune qui est bâtie sur un roc, est forte par sa situation.

Le département de la Meuse embrasse la partie du duché de Lorraine la plus à l'Ouest, une partie des trois Évêchés et une partie de la Champagne.

ARTICLE XVIII.

Le Département de la Moselle.

Il a au Midi le département de la Meurthe; à

l'Orient celui du Bas-Rhin; au Nord le département
du Mont-Tonnère et celui des Forêts; à l'Occident
celui de la Meuse.

Le terroir de ce département produit du froment,
de l'avoine, de l'orge, du vin, du chanvre, du lin;
on y fait de l'eau-de-vie, de l'huile, du vinaigre;
on y exploite des mines de fer et de charbons de
terre.

La Moselle qui donne son nom à ce département, est
une rivière considérable, qui prend sa source de trois
fontaines qui sortent des hautes montagnes des *Fau-
cilles*, dans le département des Vosges. Elle traverse
la partie occidentale du département de la Meurthe
et de celui qui lui doit son nom, la partie orientale
de celui des Forêts, celui de Rhin-et-Moselle, et se
décharge dans le Rhin à Coblentz. Elle baigne Epinal,
Remiremont, Châtel, Toul, Pont-à-Mousson, Metz,
Thionville et Trèves.

Les autres rivières un peu considérables de ce département, sont la Seille, la Nied et la Sarre.

La Seille a sa source à l'Orient de Dieuze dans le
département de la Meurthe, en traverse la partie
septentrionale, une partie de celui de la Moselle, et
se perd dans la rivière de même nom à Metz. Elle
passe près de Marsal, arrose Dieuze, Moyenvic,
Vic et Nomény dans le département de la Meurthe.

La Sarre a sa source auprès de Salm, sur les confins

du département du Haut-Rhin et de celui de la
Meurthe, près des montagnes des Vosges, traverse la
partie orientale de celui de la Moselle, et se perd dans
la rivière de même nom auprès de Trèves. Elle passe
à Sarrebourg, à Fénestrange dans le département de
la Meurthe, à Sarguemine, à Vaudrevange et à Sar-
Libre dans celui de la Moselle. Elle reçoit la Nied à
gauche, au-dessous de Sar-Libre, et la Blise à droite
à Sarguemine.

La Nied a sa source près de Morhange dans la partie
méridionale du département de la Moselle.

La Blise a la sienne sur les confins du département
du Mont-Tonnère et de celui de la Moselle, passe à
Saint-Vandés et à Hombourg.

Ce fut sur les bords de la Sarre et de la Blise qu'il se
forma dans le courant de Brumaire, an 2, un corps
d'armée pour s'avancer dans le pays de Deux-Ponts,
chasser l'ennemi du revers des Vosges, et entrer dans
le Palatinat. Le 27 au matin dès avant le jour les co-
lonnes passèrent ces deux rivières; l'avant-garde Prus-
sienne voulut envain retarder leur marche. Les républicains arrivèrent à la hauteur du camp ennemi,
sur les hauteurs de Blicastel: une vive cannonade
s'engagea : l'infanterie Française longeant les hauteurs, pénétra dans un bois qui appuyait la gauche du
camp ennemi. Les républicains l'emportèrent, et re-
poussèrent jusques dans leur camp les troupes Prus-

siennes, malgré les décharges à mitraille de leur artillerie.

Les Prussiens chassés de ce poste avec une grande perte, le furent également le lendemain de celui qu'ils avaient pris sur les hauteurs de Deux-Ponts.

L'armée républicaine poursuivit l'ennemi jusqu'à Kayserslautern où ils avaient rassemblé toutes leurs forces. Elle tenta de s'emparer de ce poste qui ouvrait le chemin de Landau et du Palatinat. Tout ce que la nature a de plus affreux en précipices, tout ce que l'art a de mieux combiné semblait être réuni sur ce point. L'armée fit des prodiges de valeur pendant trois jours consécutifs, le huit, le neuf et le dix frimaire: l'artillerie légère s'y comporta avec un héroïsme sans exemple. L'impéritie des généraux et le défaut d'ensemble firent manquer l'entreprise pour cette fois; mais, peu de tems après, une division de l'armée de la Moselle, après avoir passé les Vosges, et chassé l'ennemi de plusieurs postes importans, se réunit à celle du Rhin. Ce fut le présage des triomphes de la République et du salut de la patrie. Les Républicains remportèrent une victoire signalée sur les Autrichiens en avant de Haguenau, avec des redoutes à triple étage. Ils les forcèrent d'évacuer toute la ligne, leur prirent seize pièces de canon, vingt caissons: en tuèrent beaucoup, et firent plus de cinq-cents prisonniers.

Les deux armées continuèrent de marcher ensemble. Landau était leur but. La journée de Geisberg fut aussi bien conçue que grandement exécutée. La nouvelle de la prise de Toulon arrive au camp: aussi-tôt les soldats s'écrient. *Vive la République; puisque nos freres sont entrés à Toulon, nous voulons aller à Landau.*

Les ennemis furent bientôt attaqués sur quatre points à plus de dix lieux de distance et battus partout. Ils firent parades de leur tactique militaire: évolutions sur évolutions : fausses attaques ; marches et contre - marches : les Républicains n'eurent qu'un jeu; celui de la bayonnette: on voulait distribuer du pain aux bataillons : *nous n'en voulons,* s'écrièrent-ils, *que quand nous serons à Landau.* Six heures de pas de charge décidèrent la victoire et la délivrance de cette place. Les Français chassèrent l'ennemi en le battant, jusqu'à quatre lieues de Mayence, et s'emparèrent de magasins considérables:

Il serait trop long d'entrer ici dans le détail de toutes les actions héroïques, de tous les traits de bravoure, de courage et de valeur qui eurent lieu dans ces mémorables journées. On a eu soin de les recueillir dans les annales du civisme pour en enrichir notre histoire. Quand nos derniers neveux les y liront, ils verront ce qu'il en coûta aux défenseurs de la patrie, pour conquérir, défendre et affermir la liberté. Puissent-ils être assez sages pour ne s'en laisser jamais dépouiller!!!

Longwi, pres du Chiers. Cette commune, qui est

très-forte, est située sur les confins du département de la Moselle et de celui des Forêts. Les habitans de Longwi se déshonorèrent, en se rendant lâchement aux Prussiens, le 23 Août 1792, lorsqu'ils avaient les moyens de se défendre.

Longuion, sur le Chiers, et Villers-la-montagne, près de cette rivière, petites communes.

Thionville, Place forte, sur la Moselle. Cette commune est petite, et n'a de remarquable que ses fortifications et une école d'artillerie Briey, petite commune.

Thionville occupera une Place distinguée dans les annales de la révolution. Le siége mémorable qu'elle soutint au commencement de la guerre de la liberté (en septembre 1792, sous le commandement du général Wimphen), la courageuse résistance qu'elle opposa aux hordes feroces des satellites des despotes ligués contre la France, enlevèrent l'admiration de l'Europe, et concilieront à jamais à ses braves habitans, l'estime, la bienveillance de leurs concitoyens et de tous les vrais amis de la liberté.

Metz, au confluent de la Moselle et de la Seille, chef-lieu. Cette commune est ancienne, belle et considérable. Les rues sont bien percées pour la plupart, et les maisons bien bâties. On y voit de très-beaux édifices publics, parmi lesquels on distingue, l'hospice militaire, les casernes et la ci-devant cathédrale.

Les juifs, qui sont en grand nombre dans cette commune, contribuent à y faire fleurir le commerce. On y fabrique des flanelles et autres étoffes, des liqueurs, des confitures, du pain d'épices, des gazes, des fleurs artificielles : on y prépare des cuirs et des peaux.

Bitche, sur l'Erbac petite rivière qui se perd dans la Sarre à droite. Cette commune, qui est ancienne, est située au pied des Vosges, sur les frontières des départemens du Bas-Rhin et du Mont-Tonnère. C'est une place importante, quoique la commune soit petite.

Sarguemine, sur la Sarre ; cette commune, autrefois fortifiée, est située dans un pays fertile en bled. Boulay, sur la Nied, petite commune qui n'a rien de remarquable que sa maison commune.

Sar-Libre (ci-devant Sar-Louis) sur la Sarre, est une jolie commune dont les rues sont régulières et propres.

Bouzonville, sur la Nied ; Sierck, sur la Moselle, petites communes qui n'ont rien de remarquable.

Le département de la Moselle est formé d'une partie des trois évêchés et de la partie septentrionale du Duché de Lorraine.

ARTICLE XIX.

Le Département de la Meurthe.

Le département des Vosges le borne au Midi ; celui

du Bas Rhin à l'Orient; celui de la Moselle au-Nord; celui de la Meuse au Couchant.

Il produit du bled, du vin, du lin, du chanvre, de la navette, du bois; on y recueille de la laine: on y distile de l'eau-de-vie: on y exploite du charbon de terre, des mines de fer, de sel: on y élève des bêtes à cornes: il y a des eaux minérales, de bons pâturages.

La Meurthe, qui donne son nom à ce département, sort des montagnes des Vosges ; traverse la partie septentrionale du département du même nom, et la partie méridionale de celui qui lui doit le sien, et se décharge dans la Moselle à droite, au-dessous de Nancy.

La Vézouze arrose la partie du Sud-Est de ce département. Elle a sa source sur les confins du département du Bas-Rhin, arrose Blamont et Luneville, et se perd dans la Meurthe, au Sud-Est de Nancy.

Pont-à-Mousson, sur la Moselle, Thiaucourt, à sa gauche; Nomény sur la Seille, n'ont rien de remarquable.

Château-Salins, sur la Seille, petite commune dont les salines fournissent du sel abondamment. Vic et Moyenvic, sur la même rivière. La première a des salines.

Marsal, près de la Seille, Dieuze sur cette rivière; Fénestrange, sur la Sarre. Ces trois communes ne sont pas bien considérables. La première est fortifiée et importante par sa situation. Dieuze a des puits d'eau salée dont on fait beaucoup de sel. Fénestrange est située dans un pays montagneux.

Sarrebourg, sur la Sarre. Cette commune est très-ancienne et très-commerçante. On y fabrique de l'alun, des couleurs rouges, du sel ammoniac, du bleu de Prusse, des eaux fortes, de l'acier, des scies, des faulx, des limes, du ferblanc, du fil-de-fer, du noir de fumée, de la porcelaine, des tabatières de carton, de la verrerie, de la poterie de grais.

Nancy, sur la Meurthe, chef-lieu. C'est une des plus belles communes de la France. Elle est composée de deux parties, dont l'une se nommait la vieille ville, et l'autre la nouvelle. La première est irrégulière, mais riche et peuplée; la seconde est plus grande; les rues en sont larges et les maisons bien bâties; elle a de belles fontaines qui fournit abondamment aux habitans une eau excellente. On fabrique à Nancy des draps de toutes qualités, des ratines, des tricots.

Toul, sur la Moselle. Cette commune, qui est considérable, est située dans un pays fertile. Il y a une filature de coton et une manufacture de fayence. Les collines qui environnent cette commune, sont couvertes de vignes qui produisent de fort bons vins.

Rozières-aux-Salines, sur la Meurthe, petite commune connue pour ses salines. Alamont, sur la
Vézouze,

Vézouze ; Baudonviller, près la Meurthe, petites communes.

Lunéville, sur la Vézouze, jolie commune située à l'entrée d'une plaine qui s'étend fort loin. Stanislas, roi de Pologne y faisait sa résidence dans un château magnifique. Vezelize, sur la Madon, petite rivière qui sort du département des Vosges, et qui se perd dans la Moselle au-dessus de Toul.

Le département de la Meurthe embrasse une partie de la Lorraine, des trois évêchés et de la Champagne.

A R T I C L E   X X.

Le Département des Vosges.

Il est situé entre les départemens de la Moselle, de la Haute-Marne, de la Haute-Saône et les montagnes dont il tire sa dénomination, et qui le séparent de ceux du Haut-et du Bas-Rhin.

On y récolte des grains, du lin, de la graine de lin, du chanvre, du chennevis, de la navette, du colzat (1): il produit du bois ; on y élève des bestiaux ; on y fait du fromage, du beure, du Kirsc-Wasser (2) : on y exploite des mines d'argent et de pierre.

---

(1) Le Colzat est une espéce de choux sauvage que l'on cultive dans quelques-uns des départemens du Nord On tire de sa graine de l'huile bonne à brûler.

(2) Le Kirsch-wasser est une espéce d'eau-de-vie faite avec des merises, dont on tire le jux par expression, que l'on fait fermenter et que l'on distile.

E

Les Vosges forment une longue chaîne de hautes montagnes qui s'étendent du Midi au Nord-Est, entre le département qui leur doit son nom et celui du Haut-Rhin; elles traversent la partie occidentale de celui du Bas-Rhin.

Ce fut sur le revers de ces montagnes qu'occupaient les Prussiens, que la droite de l'armée de la Moselle brava, le 14 septembre 1793, l'artillerie nombreuse des ennemis, lorsqu'on s'occupait des moyens de délivrer Landau, et qu'on attaqua Pirmasens. Le combat qui se livra dans cette mémorable journée, donna lieu à une infinité d'actions héroïques. Le neuvième régiment de chasseurs à cheval, après avoir bravé la cannonade des ennemis, se présenta le premier devant Pirmasens, où se trouvaient trois régimens de cavalerie Prusienne; sans consulter le nombre, il les attaqua, les mit en déroute, en tua plusieurs et prit beaucoup de chevaux, qui furent distribués sur-le-champ aux Français. *Il ne s'agit pas de savoir à qui ils appartiennent*, dirent ces braves républicains, *mais de vaincre ou de mourir pour la patrie.*

La Meuse, la Moselle et la Meurthe traversent le département des Vosges.

Neuf-Château. Cette commune bâtie sur une éminence près de la Meuse n'a rien de remarquable. Il y avait autrefois un château dont il ne reste plus que des vestiges.

Mirecourt, sur la Madon. Cette commune est ancienne et renommée pour ses violons.

Dompaire, près la Madon; Remberviller, près la Manthe; Châtel-sur-Moselle, Saint-Diez sur la Meurthe; petites communes. Il se fait un commerce considérable de bled à Rembervillers, il y a des fabriques de fayence de gros draps, et des forges.

Épinal, sur la Moselle, chef-lieu. Cette commune est assez jolie et bien peuplée. Elle doit son commerce à plusieurs .papeteries qui sont établies dans les environs.

Bruyères est une petite commune située dans un pays de montagnes où l'on trouve quelques vallées fertiles. La Marche, autre petite commune près des Vosges, n'offre rien de remarquable.

Darney est une commune très-ancienne, située dans un pays de montagnes, au milieu desquelles on trouve d'excellens pâturages. Monthureux, sur la Saône.

Remiremont, sur la Moselle. Cette commune avait quelque célébrité pour son fameux chapître de cha-noinesses, qui étaient obligées de faire de grandes preuves de noblesse, avant d'y être admises.

Plombierres. Cette commune située entre de hautes montagnes, est très-célèbre pour ses eaux minérales chaudes.

Le département des Vosges comprend la partie méridionale, et la partie du Sud-Est de la Champagne, une partie de la Franche-Comté et de l'Alsace.

SECTION II.

Les Départemens qui sont situés entre la Seine et la Loire.

La Loire sort du Mont-*Gerbier*, qui est situé dans la partie occidentale du département de l'Ardêche. Elle coule du Sud-Est au Nord-Ouest jusqu'à Orléans, ensuite à l'Ouest, et se jette dans l'Océan. Elle traverse la partie orientale du département de la Haute-Loire, celui de la Loire à peu-près par le milieu, sépare le département de Saône-et-Loire de celui de l'Allier, arrose la partie occidentale de celui de la Nyèvre qu'elle sépare de celui du Cher, baigne la partie méridionale de celui du Loiret, traverse presque par le milieu les départemens du Loir-et-du-Cher, d'Indre-et-Loire, de Maine-et-Loire et de la Loire-Inférieure.

Ce fleuve, de son nom seul, le donne aux départemens de la Haute-Loire, de la Loire et de la Loire-Inférieure : de son nom réuni à celui des rivières qu'il reçoit, ou qui coulent dans les mêmes départemens, il le donne à ceux de Saône-et-Loire, d'Indre-et-Loire et de Maine-et-Loire.

La Loire passe près de Dieuze, arrose Roanne où elle commence à porter bateau, baigne Nevers, la Charité, Orléans, Blois, Tours, Nantes et Painbœuf

En décrivant les départemens qui sont situés entre la Seine et la Loire, nous indiquerons d'abord ceux qui sont les moins éloignés du premier de ces fleuves, et nous finirons par ceux qui sont voisins du second.

Article I.

Le Département de la Manche.

Ce département est situé entre la Manche, les départemens du Calvados, de l'Orne, de la Mayenne et d'Ille-et-Vilaine.

On y récolte du seigle, de l'avoine, de l'orge, du sarrazin, des fèves, de la cire, du lin, du chanvre ; il produit beaucoup de bois, des poires, des pommes dont on fait de très-bon cidre ; on y élève des vaches, des chevaux ; il y a d'excellens pâturages où l'on engraisse quantité de bestiaux ; on y engraisse aussi de la volaille et des porcs ; on y fait beaucoup de beure ; on y fabrique de la soude.

Les rivières les plus considérables de ce département sont, l'Ardée, la Sée et la Soule.

L'Ardée a sa source au Nord-Est de Mortain,

traverse la partie méridionale de ce département, et se perd dans l'Océan.

La Sée a la sienne sur les confins du département du Calvados, arrose Avranches, et se perd aussi dans l'Océan.

La Soule sort de la partie méridionale du département de la Manche, au Nord-Est de Mortain, arrose Coutances, puis se décharge dans l'Océan vis-à-vis de l'île de Gersei.

Le département de la Manche est traversé par une chaîne de rochers, qui s'étend du Nord au Sud depuis les bords de la Manche jusqu'à la Loire à travers les départemens de la Mayenne, d'Ille-et-Vilaine et de la Loire-Inférieure. Une branche des mêmes rochers s'étend de l'Est à l'Ouest, à travers le département des Côtes-du-Nord et celui du Finisterre, et se prolonge jusqu'aux rives de l'Océan; enfin une troisième traverse le département du Morbihan et se prolonge jusqu'à l'embouchure de la Vilaine.

La plupart des rivières qui arrosent les départemens situés entre l'embouchure de la Loire, l'Océan et la Manche, sortent de ces différentes branches de rochers.

Mortain, sur l'Ardée. Cette petite commune, qui n'a rien de remarquable, est située dans un pays stérile, au milieu des rochers.

Avranches, près de la mer. Cette commune, qui est

médiocrement grande, est assez jolie et a une bonne Citadelle. Elle est située sur un côteau au pied duquel coule le Sée. Le flux de la mer, qui remonte dans cette rivière jusqu'à Avranches, est très-favorable à son commerce. Il consiste principalement en sel blanc qui se fait abondamment sur la côte.

Le Mont-Saint-Michel est à un myriametre et-demi Sud-Est d'Avranches. C'est un rocher escarpé, au milieu de la mer, sur lequel on trouvait une fameuse abbaye de Bénédictins, et une prison où l'on renfermait les prisonniers d'Etat. Il y avait aussi un fameux pélerinage.

Grandville, port, sur l'Océan. Cette commune s'est rendue célèbre par le siége qu'elle soutint l'an 2, avec tant de courage contre les brigands de la Vendée. Elle est située sur un rocher, au pied duquel est le port.

Pontorson et Villedieu n'ont rien de remarquable. Tous les habitans de Villedieu sont chaudronniers.

Coutances, sur la Soule, est une commune ancienne et assez grande, mais mal bâtie. Les rues en sont étroites, mal allignées et mal pavées. On y fabrique des coutils; il y a des manufactures de toiles de coton.

Saint-Lô (aujourd'hui *Rocher-de-la-Liberté*,) sur la Vire est actuellement le chef-lieu du département ; (Coutances le fut d'abord). C'est une commune

médiocrement grande, où l'on ne voit rien de curieux.
On y fabrique des serges à deux envers et des rubans ;
on y prépare des peaux et des cuirs.

Carentan , sur le petit Vé, (·nous expliquerons ce
que c'est en parlant de la Vire, à l'article du Calvados), est une petite commune entourée de marais,
qui en rendent l'air mal-sain. Il y a des filatures de
coton et de laine de toutes qualités. Perriers, petite
commune au Sud-Ouest de Carentan, près de la mer.
Il s'y tient des marchés considérables.

Valognes, au Nord-Ouest de Carentan, petite commune très-peuplée, et dont le séjour est agréable ; on
y fabrique des draps et autres étoffes de laine.

La Hougue. On appelle de ce nom une commune,
une rade et un cap. La commune de ce nom est située
au Nord-Est de Valognes ; les îles Saint-Marcoulf
sont situées vis-à-vis. Le cap de la Hougue que quelques-uns appellent *Cap de la Hague*, est au Nord-
Est de Cherbourg.

Cherbourg. Cette commune est située sur la Manche,
au fond d'une grande Baye ; son port, qui ne pouvait
recevoir que des vaisseaux marchands, pourra contenir des vaisseaux de ligne, quand les ouvrages qu'on
y a commencés, il y a quelques années, seront achevés,
et alors la République aura sur la Manche un très-beau
port pour les vaissaux de guerre.

Les îles de Gersei et de Grénései, qui appartiennent

aux Anglais, sont situées à l'Occident de ce département. L'île d'Aurigny est au Nord-Ouest, l'île Pelée
au Nord, et celles de Saint-Marcoulf au Nord-Est.

ARTICLE II,

Le Département du Calvados.

Il est borné au Midi par le département de l'Orne, à
l'Orient par celui de l'Eure, au Nord par la Manche,
au Couchant par le département de même nom.

Le terroir de ce département est très-fertile, dans la
partie septentrionale, principalement aux environs de
Caen et de Bayeux. Il abonde en pâturages excellens
du côté de Lizieux. Il n'est pas aussi fertile aux environs de Falaise et de Vire; on n'y récoltait autrefois
que du seigle, de l'orge, de l'avoine et du sarrazin,
mais depuis quelques années on y récolte un peu de
froment. Ce département produit encore du chanvre,
du lin, du bois, des poires, des pommes, dont on fait
d'excellent cidre, des melons, du trèfle, du sainfoin. On
y élève des bœufs, des vaches, des moutons, des chevaux, de la volaille, des porcs, on y fait un commerce
considérable de beure et de soude de Vareck, on y fait de
l'eau-de-vie de cidre et de poiré, qui est très-bonne
quand elle est vieille; il y a des mines de charbon de
terre et de fer.

Le rocher du Calvados, dont ce département tire sa
dénomination, est situé au Nord de Bayeux dans une

étendue de deux à trois myriamètres, à l'Occident de l'embouchure de l'Orne. On prétend que ce rocher a reçu ce nom d'un bâtiment Espagnol, qui s'y perdit autrefois. Ce rocher n'est point habité actuellement, il le fut autrefois, car il existe des actes passés anciennement par un notaire ou tabellion résident au Calvados·

Ce département est arrosé par un grand nombre de rivières, dont les plus considérables sont ; la Vire, la Dromme, l'Aure, l'Orne, la Dive, la Touque.

La Vire a sa source à l'Occident de Tinchebray, dans le département de l'Orne, au pied d'une petite montagne, qu'on appelle la *Butte de Brimbat.* Elle traverse la partie du Sud-Ouest du département du Calvados, une partie de celui de la Manche, rentre dans le premier de ces deux départemens, forme à son embouchure deux petits Golfes, dont l'un s'appelle le grand, l'autre le petit *Vé* ; puis se perd dans la Manche·

La Dromme a sa source auprès de Thorigny, dans la partie orientale du département de la Manche, passe à Landes, à Rancelles près Bayeux, et se perd dans la Vire, à peu de distance de l'embouchure de celle-ci.

L'Aure a sa source au Midi de Bayeux, arrose cette commune, et se perd dans la *Fosse du Soucy.* Cette fosse est une espèce d'Antre dans lequel l'Aure s'enfonce. Il est probable qu'il a quelque communication souterraine avec la Manche dont il n'est pas éloigné.

L'Orne est la rivière la plus considérable du département du Calvados. Elle a sa source dans le département auquel elle donne son nom, entre Séez et Carouges, traverse la partie du Nord-Est de ce département, et celui du Calvados en entier; puis se perd dans la Manche, après avoir arrosé Argentan, Harcourt et Caen. Elle reçoit à gauche, au pont d'Ouilly, le *Noireau*, qui a sa source au Sud-Ouest de Tinchebray, et qui arrose Condé.

La Dive sort du département de l'Orne, au Nord-Est d'Exmes, arrose Troarn et Dives dans celui du Calvados, et se jette dans la Manche, à l'Est de l'embouchure de l'Orne.

La Touque sort du département de l'Orne, traverse presqu'en droite ligne du Midi au Nord la partie septentrionale de celui du Calvados, passe à Lizieux et à Pont-Challier, puis se jette dans la Manche.

Bayeux, sur l'Aure, est une commune très-ancienne et assez considérable, mais elle n'est pas belle. La plupart des rues sont étroites, mal propres et encore plus mal pavées. On n'y voit aucuns édifices remarquables, si l'on en excepte la ci-devant cathédrale et la maison de l'évêque. On fabrique à Bayeux des toiles, des serges, de la bonneterie de coton, de laine et de poil de lapins d'Angola, des bas de laine, des velours, des draps de coton, des dentelles. Le sexe de Bayeux passe pour un des plus beaux de la France.

Isigny, sur la Dromme. Cette commune est située dans un pays abondant en excellens pâturages où l'on engraisse tous les ans une quantité prodigieuse de bêtes à cornes, beaucoup de vaches principalement. Le beure des environs d'Isigny est très-bon, et le cidre excellent ; ils méritent l'un et l'autre la grande renommée dont ils jouissent.

La plaine de Formigny, où les Anglais furent entièrement défaits. sous le regne de Charles VII, en 1450, est entre Bayeux et Isigny. Les Anglais, après la bataille de Formigny, furent presqu'entièrement chassés de la France. Charles VII reconquit sur eux en un an et six jours, la Normandie et toute la Guyenne, en sorte qu'il ne leur resta en France que Calais et le Comté de Guines.

Caen, sur l'Orne, à peu de distance de la mer. Cette commune est grande et belle ; mais elle n'est pas peuplée à raison de son étendue, la plupart des rues sont larges, bien percées, très-propres, et les maisons bâties avec goût. On y voit deux belles places publiques, et un beau Cours, sur la rive gauche de l'Orne, avec de très-belles casernes sur le bord de cette rivière. Il y avait un ancien château très-fort, qui a été démoli au commencement de la révolution, parce qu'il était devenu le repaire de tous les mal-intentionnés des environs. Cette commune est bâtie en partie sur un côteau et en partie dans une vallée qui renferme de superbes prairies, qui sont d'un très-grand rapport :

elles sont couvertes de bestiaux pendant tout le prin-
tems, et fournissent malgré cela du foin en abondance
dans la saison. Les environs de Caen sont charmans; le
séjour en est délicieux.

Il y avait à Caen une célèbre université, qui
attirait dans cette commune une quantité prodigieuse
d'écoliers, qui enrichissaient les habitans, mais qui leur
donnaient quelquefois un peu de tablature. Malherbe,
Ségrais, le Febvre et beaucoup d'autres grands
hommes, sont nés à Caen. On y fabrique des draps
fins, des ratines, des serges, des futaines, des coutils,
de la bonneterie, de la chapellerie, des bas, quantité
de dentelles.

On a ouvert il y a quelques années un beau canal qui
va jusqu'à la mer, au moyen duquel les gros vaisseaux
remontent dans le port; ce qui rend cette commune
très-commerçante; il y a un beau chantier où l'on
construit tous les ans beaucoup de vaisseaux marchands. Caen est le chef-lieu du departement.

Il y avait au Nord de Caen, sur le bord de la mer, un
pélerinage, connu sous le nom de *Notre-Dame-de-la-
Délivrance*. Il s'y rendait chaque année un nombre
considérable de pélerins. La chapelle, qui était belle,
était enrichie d'un grand nombre de lampes d'argent,
plus riches et plus belles les unes que les autres.

Evrecy et Aulnai sont deux petites communes au
Midi de Caen, dans lesquelles il se fait un grand commerce de bled.

Dives, à l'embouchure de la rivière de même nom, n'est pas une commune considérable; mais elle est très-jolie.

Pont-Challier (ci-devant Pont-l'Evêque,) est une commune médiocrement grande et assez jolie. Le commerce y est assez florissant.

Honfleur, jolie commune, sur la rive gauche de la Seine, à son embouchure, est une jolie commune, qui a un petit port assez commerçant.

Lizieux, sur la Touque. Cette commune est ancienne, assez considérable, bien peuplée et très - commerçante. On y fabrique des toiles, des frocs, des flanelles, des couvertures de laine.

Falaise, à la droite de l'Orne, est une commune médiocrement grande et assez jolie. On y voit de très-belles fontaines publiques, qui fournissent de l'eau en abondance. On y fabrique des toiles fines, des dentelles, de la coutellerie, de la bonneterie, du poil d'angola. Falaise est célèbre par la naissance de Guillaume le conquérant, et par une foire, dite *la Guibray*, une des plus belles de l'Europe, qui se tient tous les ans, dans le courant de thermidor. Il s'y rend des marchands de toutes les parties de la France, et beaucoup des pays étrangers. Cette foire se tient dans un des faubourgs de Falaise appelé *Guibray*, et dans une vaste plaine, sous des tentes bien allignées qui forment un coup d'œil charmant.

Guillaume le conquérant, connu sous le nom de *Guillaume le bâtard*, avant qu'il eût fait la conquête de l'Angleterre, était fils de Robert le diable, Duc de Normandie. Il l'avait eu de la fille d'un pelletier de Falaise, et comme il n'avait point d'autres enfans, il le nomma pour son successeur.

On voit à Falaise un très-fort château, au milieu duquel est le tombeau du fameux général Talbot.

Le Pont-d'Ouilly est à deux myriamètres, Sud-Ouest de Falaise. Cette petite commune est remarquable par sa position singulière. Elle est bâtie sur l'Orne dans une espèce de précipice, d'où l'on ne peut sortir qu'en gravissant deux montagnes extrêmement escarpées; en sorte que l'accès en est très-difficile pour les voitures, pour les chevaux et même pour les gens de pied.

Vire, sur la rivière de son nom, était la capitale du Bôcage. Cette commune, qui est trés-jolie et assez-grande, est bâtie en amphithéâtre. Elle avait un château très-fort, dont on voit encore les ruines; il y a une très-belle place plantée de plusieurs rangs d'arbres tout-au-tour, qui sert de promenade publique. Vire a des manufactures considérables de draps communs dont on fait un grand commerce. On y fabrique encore des serges, des tirtaines, des cordes, des réseaux, des coëffes à perruques, des chapeaux et une espèce de dentelle qu'on appelle de la *neige*.

Vire a donné naissance à Duhamel, célèbre phy-
sicien et à Olivier Bastier, qui a le premier composé
des vaudevilles. Olivier Bastier était un Foulon, qui
passait la plus grande partie des jours et des nuits à
boire et à composer des chansons. Elles furent d'abord
connues sous le nom de *Vaux-de-Vire*, d'où est
venu celui de vaudevilles. Cette commune occupera
une place distinguée dans les annales de la révolution pour la valeur et la bravoure que ses habitans
déployèrent contre les brigands de la Vendée, qui firent
à différentes reprises, mais toujours inutilement, les
plus grands efforts pour s'en rendre maîtres.

Il y a aux environs de Vire beancoup de moulins à
fouler les draps et plusieurs papeteries dont le papier
est très-estimé.

A un myriamètre, Est de Vire, est une petite
commune nommée Vassy, aux environs de laquelle on
trouve des pâturages secs où l'on engraisse des moutons
très-renommés pour leur qualité et leur grosseur, dont
on fait un grand commerce et des envois considérables
pour Paris.

Condé-sur-Noireau, au Sud-Est de Vire, petite
commune assez mal bâtie où il se tient tous les ans
dans le courant de fructidor, une foire considérable,
appellée la *petite Guibray*. Il s'y fait un commerce
considérable de bêtes à laine, de chèvres et autres
bestiaux. Il s'y vend une quantité prodigieuse de
melons qu'on y apporte de Langeais et des environs.

Le

Le département du Calvados et celui de la Manche embrassent la plus grande partie de la Basse-Normandie ; le premier contient aussi une petite partie de la Haute.

ARTICLE III.

Le Département de l'Orne.

Le département de la Mayenne et celui de la Sarthe le bornent au Midi ; celui d'Eure-et-Loir à l'Est ; ceux de l'Eure et du Calvados au Nord ; celui de la Manche à l'Ouest.

Le terroir de ce département n'est pas fertile en bled : il produit du seigle, de l'avoine, du sarrazin : on y élève des bêtes à laine et à cornes, des chevaux et des chèvres ; il produit des pommes et des poires, dont on fait du cidre et du poiré, mais qui ont beaucoup moins de qualité que ceux des départemens de la Manche et du Calvados ; il y a des mines de fer ; on y trouve du porphyre, du jaspe et du granit.

La Mayenne, l'Orne, la Sarthe, la Touque, la Rille, l'Iton et l'Huine prennent leurs sources dans ce département. Elles sortent presque toutes de différentes branches de rochers qui traversent ce département.

L'Huine a sa source au Nord-Est de Bellesme, dans la partie du Sud-Est, arrose Nogent-le-Rotrou, dans celui d'Eure-et-Loir ; la Ferté Bernard dans celui de la Sarthe, et se décharge dans la rivière de même nom, au-dessous du Mans.

Domfront sur la Mayenne. Cette commune est située sur une petite montagne, dans un pays stérile, et qui ne produit presque que du bois, de la fougère et du jonc marin. Il s'y tient quelques foires où il se fait un assez grand commerce de bestiaux, de bœufs principalement.

Alençon, sur la Sarthe, chef-lieu. Cette commune est ancienne, grande et assez belle, bien peuplée et commerçante. Ses dentelles, connues sous le nom de *point d'Alençon*, sont très-belles; il s'en fait un grand commerce. Cette commune est encore renommée pour ses pierres appellées *diamans où cailloux* d'Alençon: on y fabrique des toiles, des serges, des étamines dont il se fait un grand commerce.

Argentan, sur l'Orne, est une petite commune où l'on fabrique des toiles et des étoffes de laine ; elle est commerçante et bien peuplée. Exmes, sur la Dive, très-petite commune.

L'Aigle, sur la Rille. Cette commune est médiocrement grande. Elle est connue pour ses fabriques d'épingles et de clous d'épingles, de lacets, d'aiguilles à tricoter et de quincaillerie. Il y a des tanneries où l'on prépare presque toutes les péaux de veaux dont se servent les relieurs de Paris.

Séez, sur l'Orne. C'était autrefois une commune

mportante. Elle n'offre aujourd'hui rien de remarquable. Elle est située dans un pays assez agréable
t le plus fertile de son département.

Mortagne, près de l'Huine, petite, mais assez jolie
commune où l'on fabrique de la toile et des serviettes
ouvrées.

La célèbre abbaye de la Trappe était à un myriamètre et-demi de Mortagne. Elle était renommée pour
la vie austère de ses religieux : c'étaient presque les
seuls dans ces derniers tems, qui méritassent ce nom.
Cette abbaye était très-riche ; mais ses richesses étaient
inutiles aux Saints Solitaires qui l'habitaient ; ils ne
vivaient que des légumes, que les vastes jardins qu'ils
cultivaient eux-mêmes, leur produisaient en abondance, et d'un peu de pain qui était encore le fruit
de leur travail. Les revenus de l'abbaye de la Trappe
étaient consacrés presqu'en totalité à la nourriture des
pauvres des environs et à celle des voyageurs, qui
pouvaient s'y reposer pendant trois jours.

Bellesme, près de l'Huine, est une commune
ancienne, mais qui n'a rien de remarquable. Ce
département embrasse une partie de la Normandie,
du Maine, et du Perche.

ARTICLE IV.

Le Département d'Eure-et-Loir.

Il est entouré des départemens du Loir-et-Cher,

du Loiret, de Seine-et-Oise, de l'Eure, de l'Orne et de la Sarthe.

Ce département est un des plus fertiles de toute la République en froment. Il produit aussi d'autres grains en abondance. Les plaines sont couvertes de superbes troupeaux de moutons qui les enrichissent , et dont on fait un grand commerce.

L'Eure en arrose la partie septentrionale; le Loir celle du Sud.

Le Loir sort d'une chaîne de rochers qui traverse ce département par le milieu, du Sud-Est au Nord-Ouest; il traverse la partie du Nord-Ouest de celui du Loir-et-Cher, la partie méridionale de celui de la Sarthe, une partie de celui de Maine-et-Loire, passe à Iliers, à Bonneval, à Châteaudun, à Vendôme, à Château du Loir, à la Flèche, à Duretal; puis se perd dans la Sarthe à gauche, un peu au-dessus d'Angers.

La Blaise arrose la partie du Nord-Ouest de ce département, où elle prend naissance; passe à Châteauneuf à Dreux, et se perd dans l'Eure à droite.

Dreux est une commune très-ancienne et médiocrement grande. On prétend qu'elle doit son nom aux *Druides*, prêtres des Gaulois dont quelques-uns y faisaient leur demeure ordinaire On y fabrique de grosses étoffes de laine.

Châteauneuf en Thimerais, est une petite commune qui n'a rien qui mérite d'être remarqué. Nogent

(ci-devant le roi), petite commune sur l'Eure où cette rivière commence à être navigable.

Chartres, sur l'Eure, chef-lieu. Cette commune, qui est très-ancienne, est situé dans une plaine extrêmement fertile ; mais elle n'est pas belle ; les rues en sont étroites et les maisons mal bâties. La ci-devant cathédrale, dont on admire les clochers, est le principal ornement de cette commune. On y fabrique des serges drappées et des bas à l'aiguille ; il y a des tanneries ; on y fait un commerce considérable de bled.

Nogent-le-Rotrou, sur l'Huine, au Sud-Ouest de Chartres, est une commune médiocrement grande où l'on fait un commerce assez considérable d'étamines et de serges qui s'y fabriquent.

Châteaudun, sur le Loir, Cloye, Bonneval, Brou, Illiers, sur le Loir ; Maintenon, sur l'Eure ; Epernon, près de l'Eure, et Janville, ne sont pour la plupart que de très-petites communes.

Le département d'Eure-et-Loir est formé d'une partie de la Beausse et du Perche, d'une partie de la moyenne et basse Normandie et d'une partie de l'île-de-France.

La Beausse faisait partie du gouvernement de l'Orléanais, qui comprenait encore l'Orléanais propre, le Blaisois et le Gatinais Orléanais.

L'Orléanais était borné au Nord pour l'Isle-de-France ; à l'Orient par une partie de l'Isle-de-France et de la Bourgogne; au Midi par le Nivernais et le Berri, et à l'Occident par la Touraine et le Maine. Orléans était la capitale de l'Orléanais propre, et de toute la Province; Chartres de la Beausse; Blois du Blaisois, Montargis du Gâtinais Orléanais, comme nous l'avons déjà dit.

ARTICLE V.

Le Département du Loiret. (1).

Il est situé entre les départemens du Loir-èt-Cher, du Cher, de la Nyèvre, de l'Youne, de Seine-et-Marne, de Seine-et-Oise et d'Eure-et-Loir.

Ce département produit des grains, des vins connus sous le nom de vins du Gâtinais, d'Orléans et de Beau'enci, du saffran, de la coriandre, des marrons, des châtaignes, des pommes, des noix dont on fait de l'huile à brûler et pour la peinture : on y fait

------

(1) Quoique ce Département ne soit pas précisément situé entre la Seine et la Loire, puisque celle-ci en arrose une partie assez considérable, nous le rangeons néanmoins dans la classe des Départemens situés entre ces deux Fleuves, afin de pouvoir donner de suite la description de ceux qui se trouvent aux environs du dernier, en remontant vers sa source. Il en sera de même de plusieurs autres Départemens que la Loire traverse, et que l'on ne peut, à strictement parler, ranger ni dans la classe de ceux qui sont entre ce Fleuve et la Seine, ni dans celle des départemens qui confinent à ceux qui sont voisins de la Garonne.

beaucoup d'eau-de-vie et de vinaigre : on y élève de la volaille.

Le Loiret qui donne son nom à ce département, a sa source dans la partie méridionale. C'est une très-petite rivière qui n'a aucune commune remarquable sur ses bords. Elle se perd dans la Loire au-dessous d'Orléans.

La fontaine d'où le Loiret prend sa source, n'a point de fond. En 1583, on employa pour la sonder trois cents brasses de corde, sans le trouver. Ses eaux sont chaudes en hiver et froides en été.

L'Essonne, le Cousson et le Beuvron ont leur source dans ce département. Les deux dernières en arrosent la partie du Sud-Ouest, traversent une partie de celui du Loir-et-Cher, et se perdent dans la Loire, au-dessous de Blois, après s'être réunies avant de s'y rendre.

Pitiviers, Neuville-aux-Bois, et Boiscommun près de l'Essonne, communes peu considérables. Pitiviers est renommée pour ses pâtés d'alouettes.

Orléans, sur la Loire, chef-lieu. Cette commune est ancienne, grande, belle ; très-commerçante et très-riche. Orléans par sa situation sur la Loire, est l'entrepôt de tout le commerce qui se fait sur ce fleuve. Il y a dans cette commune des raffineries de sucre, des fabriques de bonneterie, de bas, de draps et autres étoffes de laine; il s'y fait un commerce considérable d'eau-de-vie, de vin et de vinaigre.

Le canal connu sous le nóm de *Canal d'Orléans* commence à environ un myriamètre de cette commune à l'endroit nommé *Port - Morand* ; et après avoir traversé la ·Forêt d'Orléans et la plaine qui la suit, étant soutenu dans son cours, qui est de près de. neuf myriamétres , par trente écluses , il s'unit au canal de Briarre, à Cépoi, un peu au-dessous de Montargis.

Olivet sert de Fauxbourg à Orléans. Jàrgeau, sur la Loire, est connu pour ses excellens vins. Patay est une petite commune , près du *Conic,* petite rivière qui se perd dans la Loire.

-Beaujenci, sur ce fleuve, est renommée pour ses vins.-Meun sur l'Yeure , et Notre Dame de Cléry, communes peu considérables.

Montargis a des papeteries, qui sont très-renommées. Il s'y tient tous les ans dans le courant de thermidor, une foire considérable où il se fait un grand commerce de bêtes à laine.

Courtenay, Lorris, Châtillon, sur Loing; Gien , sur la Loire, Briarre, Châtillon sur le même fleuve; Beaulieu et Sully, petites communes.

Le département du Loiret est formé de la partie septentrionale de l'Orléanais, et de la partie méridionale de l'Ile-de-France.

ARTICLE VI.

Le Département de la Nyèvre.

, Il est situé entre les départemens de l'Allier, de Saône-et-Loire, de la Côte-d'Or, de l'Yonne, du Loiret et du Cher. Ce département produit du bled, du vin, du bois. Ses mines de fer et de charbon de terre font l'objet principal de son commerce.

La Nyèvre, à laquelle il doit son nom, y a sa source. C'est une très-petite rivière, qui n'a aucune commune remarquable sur ses bords; elle se perd dans la Loire à Nevers.

Cosne, sur la Loire, est une petite commune très-commerçante et bien peuplée. On y fabrique toutes sortes d'ouvrages de coutellerie, de fer et d'acier et des ancres. On fait à Donzy, près la Loire, Sud-Est de Cosne, un commerce considérable de fer et de bois. Clamecy, sur l'Yonne, Entrains près de cette rivière, ne sont pas des communes bien considérables.

La Charité-sur-Loire. Son commerce consiste principalement en ouvrage d'émail. Il y a près de la Charité des forges et une manufacture de boucles, de boutons et de chassis de lits en fer.

Pouilly, sur la Loire, est une commune ancienne, mais peu considérable. Corbigny, Lorme, près l'Yonne, Château-Chinon, sur cette rivière, n'offrent rien de curieux.

Nevers, sur la Loire, chef-lieu. C'est une commune ancienne, considérable et assez belle. Elle est bâtie en amphithéâtre, les rues en sont étroites, mais assez propres pour la plupart. La promenade publique, appellée *le Parc*, est assez belle. On y fabrique du verre et de la fayence.

Pougues, près la Loire, est une petite commune renommée pour ses eaux minérales.

Moulins-Engilbert, près l'Yonne; Saint-Pierre-le-Moutier, près l'Allier; la Ferté-Chaudron, sur le même, petites communes. On fait dans la dernière toutes sortes d'ouvrages en cuivre.

Le département de la Nyèvre comprend la partie du Sud-Ouest du Nivernais, la partie septentrionale du Bourbonnais, la partie orientale du Berri, la partie méridionale de l'Orléanais et la partie occidentale de la Bourgogne.

Le Gouvernement de Nivernais n'était pas fort étendu. Il était borné au Nord, par le Gâtinais et la Bourgogne; à l'Orient, aussi par la Bourgogne; au Midi, par le Bourbonnais, et à l'Occident par le Berri. Nevers en était la capitale.

ARTICLE VII.

Le Département de Saône-et-Loire.

Il a au Midi, les départemens de la Loire, et du

Rhône; à l'Est, ceux de l'Ain et du Jura; au Nord, celui de la Côte d'Or; au Couchant, ceux de la Nyévre et de l'Allier.

Ce département produit des grains, du vin connu sous le nom de vin de Bourgogne, du chanvre, du bois. On y élève des bestiaux. La Loire lui sert de limites à l'Ouest; la Saône en arrose la partie du Sud-Est; l'Arroux celle du Nord-Ouest.

Autun, sur l'Arroux, est une commune très-ancienne où l'on voit encore des restes des édifices superbes dont elle fut ornée autrefois. Mont-Cénis est une petite commune par où passe le canal de Bourgogne (aujourd'hui *canal du centre.*)

Bourbon-Lancy, sur la Loire, est une commune ancienne, renommée pour ses eaux minérales chaudes.

Charolles, près la Loire; Paray-le-Monial; sur la *Brébance*, petite rivière qui se perd dans le canal du centre, Marcigny, sur la Loire, Sémur en Brionnais, près de la même, n'offrent rien d'intéressant.

Mâcon, sur la rive droite de la Saône, chef-lieu. Cette commune qui est très-ancienne, est renommée pour les bons vins que les vignobles des environs fournissent en abondance. Sa situation sur le penchant d'une colline, la rend très-agréable.

Cluny, sur la *Grosne*, petite rivière qui sort du département du Rhône, et qui se perd dans la Saône, au - dessus de Châlons; Tournus, sur celle-ci; Louhans, sur la *Seille*, qui sort du département du Jura et qui se jette dans la Saône, au-dessus de Pont-de-Vaux, ne sont pas des communes bien considérables.

Châlons-sur-Saône. Cette commune est avantageusement située dans une belle plaine. Son commerce, qui est considérable, consiste principalement, en grains, en bois et en vins.

Guisery, Givry, près la Saône; Chagny, sur la *Déhune*, petite rivière qui se perd dans la Saône; Verdun, sur celle-ci, petites communes.

Le département de Saône-et-Loire est formé de la partie du Sud-Est, de la Bourgogne, de la partie septentrionale du Lyonnais, de la partie orientale du Bourbonnais et de la partie du Sud-Est du Nivernais.

Le Bourbonnais était borné au Nord, par le Berri et le Nivernais; à l'Orient par la Bourgogne; au Midi, par l'Auvergne; à l'Occident par une partie du Berri. Il était divisé en haut et bas. Le premier, à l'Orient, avait pour capitale Moulins; le second, à l'Occident avait Bourbon-l'Archambaud, qui donnait son nom à la province.

ARTICLE VIII.

Le Département de la Loire.

Il est borné au Midi, par une partie du département

de la Haute-Loire et par celui de l'Ardèche ; à l'Orient, par le Rhône et par le département du même nom ; au Nord par les départemens de Saône et Loire et par celui de l'Allier.

Ce département produit du bled et du vin, et renferme de bons pâturages : on y élève beaucoup de bêtes à laine et de porcs : il y a des mines de charbon de terre et beaucoup de châtaigniers.

Rouanne. Cette commune où la Loire commence à porter bateau, est ancienne et assez commerçante.

Charlieu, près la Loire ; St.-Germain-Laval, près le Rhône ; Néronde, sur le premier de ces deux fleuves, petites communes.

Feurs, sur la Loire. Cette commune avait donné son nom à cette partie du Lyonnais qu'on appellait le Forez.

Montbrison à la gauche de la Loire, chef-lieu, est une commune assez considérable située dans une plaine et dont les environs sont fertiles et agréables.

Boen, sur le *Lignon*, petite rivière qui se perd dans la Loire ; Chazelles, près le même, St.-Galmier, Sury-le-Comtal, St.-Rambert, St.-Marcellin, Saint-Bonnet-le-Châtel, n'ont rien de remarquable. Toutes ces petites commune ne sont pas fort éloignées de la Loire.

St.-Etienne, à la droite de la Loire (aujourd'hui *Commune d'Armes*), est située sur le *Furens*, petite rivière qui se perd dans la Loire. Cette commune est très-peuplée : on y fabrique quantité d'armes à feu. St.-Chamon et Bour-Argental près le Rhône, petites commune.

Le département de la Loire est formé de la partie occidentale du Lyonnais.

ARTICLE IX.

Le Département de la Haute-Loire.

Il est situé entre les départemens du Cantal, de la Lozère, de l'Ardêche, de la Loire, et du Puy-de-Dôme.

Ce département est couvert de montagne, au milieu desquelles on trouve de bons pâturages où l'on élève quantité de chevaux, de mules et de mulets; on y trouve des mines de fer; les montagnes sont couvertes de châtaigniers.

L'Allier arrose la partie occidentale de ce département; la Loire celle de l'Est.

Vieille-Brioude, Brioude, sur l'Allier; la Chaise-Dieu au Nord-Est de celles-ci, Monistrol, Roche en Reigner, sur la Loire; Montfaucon, Yssengeaux, près ce fleuve; Auzon, sur l'Allier, Paulhaguet, près l'Allier, Langeac, sur cette rivière, n'offrent rien digne d'être remarqué.

Le Puy, entre la Loire et l'Allier, chef-lieu. C'est une commune considérable et bien bâtie. On y voit de fort belles rues : on y fabrique des dentelles, des blondes, des couvertures, des étoffes de laine, des toiles, des outres pour mettre le vin, des épingles.

Alègre, Saint-Paulien, près la Loire, Saugues et Pradelles, près l'Allier, ne sont pas des communes considérables.

Le département de la Haute-Loire est formé de la partie du Sud-Est de l'Auvergne, et de la partie du Nord-Est du Languedoc.

L'Auvergne était bornée au Nord par le Bourbonnais, à l'Orient, par le Forez et le Vélai; au Midi par le Gévaudan et le Rouergue, et à l'Occident par le Querci, le Limousin et la Marche. On la divisait en haute et basse, la première vers le Midi, et la basse vers le Septentrion. St.-Flour était la capitale de la haute, Clermont l'était de la basse et de toute la province.

ARTICLE X.

Le Département de la Lozère.

Il est situé entre les départemens du Gard, de l'Ardèche, de la Haute-Loire, du Cantal et de l'Aveiron. Il abonde en excellens pâturages où l'on élève des mulets, et où l'on engraisse quantité de bœufs dont on fait un commerce considérable : il y a des eaux minérales.

L'Allier en arrose la partie du Nord-Est, le Lot

celle du centre, le Tarn baigne la partie méridionale.

La Coulange, qui se perd dans le Lot à droite, y prend naissance et arrose Marvejols.

La Lozère dont ce département tire sa dénomination, fait partie des montagnes des Cévennes. Ces montagnes, qui s'étendent depuis les environs de la source de la Loire jusqu'à Lodère dans le département de l'Hérault, occupent la partie orientale du département de la Lozère, la partie occidentale de celui du Gard, et une partie de celui de l'Hérault. Les vallées qui se trouvent enclavées dans ces montagnes, celles sur-tout qui sont voisines du Rhône, sont tres-fertiles. Le gibier et le bétail de toutes especes, y sont très-communs. Elles abondent en fruits, en châtaignes principalement.

Saint-Chély, à la droite de la Truyère; Malzieu, sur cette rivière; Saint-Alban, près les Cévennes; Langogne, sur l'Allier, Châteauneuf-de-Randon, près de cette rivière, petites communes qui n'ont rien de remarquable.

Marvejols, sur la Coulange, Chirac, sur la même et la Canorgue petites, mais jolies communes où il se tient tous les ans des foires considérables, où l'on vend toutes sortes de marchandises, beaucoup de bestiaux sur-tout.

Mende, sur le Lot, chef-lieu. Cette commune est
ancienne

ncienne, mais elle n'est pas belle. Les rues en sont
troites, et les édifices n'ont rien de remarquable. On
y fabrique des-étoffes de laine connues sous le nom
le *serges d'escots*. Il y a de belles fontaines.

Bagnols-les-Bains est renommé pour ses eaux minérales.

Ste.-Enymie, sur la *Mimante*, petite rivière qui se
perd dans le Tarn à Milhaud ; Florac, sur cette dernière rivière ; Espagnac, sur la même ; Meyrueis à
sa droite, et Villefort au pied des Cévennes, n'offrent
rien de curieux.

Le département de la Lozère embrasse la partie
septentrionale du Languedoc.

ARTICLE XI.

Le Département du Finistére. (1).

Ce département occupe la partie la plus occidentale du territoire de la République. Il est ainsi nommé
parce que c'est la dernière terre de France et qui
s'avance le plus dans l'Océan. En partant de sur les

---

(1) Nous avons donné de suite la description des départemens, qui,
situés entre la Seine et la Loire, s'etendent depuis les bords de la
Manche jusques vers la source du dernier de ces fleuves ; nous allons
maintenant décrire ceux qui sont voisins de celui-ci, en commençant par
ceux qui sont situés sur les bords de l'Océan.

G

bords de cette mer, pour aller en Amérique, on ne trouve point de continent à l'Occident du notre. Les Anciens, qui ne connaissaient point cette partie du Monde, regardaient les côtes de France et celles d'Espagne situées au bord de l'Océan comme l'extrémité de la terre, *finis terræ*. Le Finisterre est le Cap le plus occidental de l'Espagne; par allusion le même nom a été donné au département le plus occidental de la France.

Le département du Finisterre forme une presqu'île, étant entouré de la mer de trois côtés. Il est borné à l'Orient par le département du Morbihan et par celui d'Ille-et-vilaine. Il produit du bled, du lin, du chanvre, des pois, des fèves : on y recueille du miel, de la cire : on y élève des bœufs, des vaches, des porcs, des bêtes à laine, de la volaille : on y fait beaucoup de beure, de suif, des graines : on y exploite des ardoises, du fer, du cuivre et du plomb.

L'Else, l'Isotte, l'Odert, l'Aon, et la Morlaix sont les rivières les plus considérables de ce département.

L'Else et l'Isotte sont deux petites rivières, dont l'une a sa source dans le département du Finisterre, l'autre dans celui du Morbihan, elles se réunissent à Quimperlé, et se perdent dans l'Océan.

L'Odert a sa source vers le milieu du département du Finisterre, en traverse la partie méridionale, du Nord au Sud, et se jette dans l'Océan après avoir arrosé Quimper, où il reçoit la petite rivière de Bénaudet.

L'Aon prend sa source au Nord-Est de Calac dans le département des Côtes-du-Nord, traverse celui du Finisterre presque par le milieu, et se jette dans la Baye de Brest, après avoir arrosé Carhaix et Châteaulin.

La Morlaix a la sienne au-dessous de la commune de même nom qu'elle arrose. Les vaisseaux remontent dans cette commune avec la marée. Ce qui la rend très-commerçante. Cette rivière se décharge dans l'Océan.

Quimperlé n'est pas une commune très-considérable.

Quimper, autre commune médiocre, est le chef-lieu du département. C'est tout ce qui la distingue. Pont-l'Abbé, Douarnenez, Audierne qui donne son nom à la baye de même nom et Pont-Croix n'offrent rien de curieux. Toutes ces communes sont situées au Sud-Ouest, le long des côtes.

Il se fait un grand commerce d'ardoise à Châteaulin, dont les environs renferment des mines de cuivre et de fer. Carhaix fait un commerce considérable de bestiaux ; Châteauneuf n'a rien de remarquable.

Brest, sur la Baye de son nom, est la commune la plus importante de ce département quoiqu'elle ne soit ni très-grande, ni belle, les rues étant mal percées

Son port est un des meilleurs de l'Europe, et le plus beau que la République ait sur l'Océan ; la baye au fond de laquelle il est situé, est fort étroite ; il y a un suberbe bassin, où les vaisseaux de ligne sont toujours à flot. Comme on fait à Brest les armemens les plus considérables, il y a de fort beaux magasins et un très - bel arsénal. Quoique cette commune soit tres-avantageusement située, elle n'est pas commerçante : les vaisseaux de ligne, dont son port est toujours rempli, semblent en éloigner les vaisseaux marchands.

Landerneau, pres la Baye de Brest, Landivisiau, et Lesnevin, petites communes. La première est située dans un terroir fertile et agréable. Il y a des tanneries et des papeteries ; on y fabrique des toiles ordinaires et à voiles.

St.-Pol-de-Léon a un petit port au fond d'une baye. Cette commune n'est pas considérable , mais assez marchande. Elle a , au Nord-Ouest, la petite île de *Bas*, qui fournit quelques pâturages.

Morlaix est une des communes les plus commerçantes de ce département. On y fabrique quantité de toile , de fil, de papier et de tabac ; et les vaisseaux qui remontent la rivière sur laquelle elle est située y apportent et en exportent des marchandises de toutes espèces.

Les îles d'Ouessant et de Sein sont à l'occident de

ce département. Le Conquet en est la commune la moins éloignée, etant située à la pointe la plus occidentale du département. Elle a un petit port où l'on s'embarque pour passer dans cette Ile. Près de cette commune est celle de St.-Renan, sur la baye de-Brest. Elle n'est pas considérable. L'île d'Ouessant est à deux myriamètres du continent ; elle en a environ un demi de tour. Ses habitans s'occupent de la pêche. Les îles de Glenan sont aú Midi de ce département, au Sud-Est de l'embouchure de l'Odert.

ARTICLE XII.

Le Département du Morbihan.

Il est entouré de l'Océan, des départemens de la Loire-Inférieure, de l'Ille-et-Vilaine, du département des Côtes-du-Nord et de celui du Finisterre.

On y récolte des grains, du lin, du chanvre, des pommes, des poires, des châtaignes ; on y élève des bestiaux ; il y a des mines de fer ; on y fait beaucoup de beure et de sel ; on pêche sur ses côtes quantité de sardines et autres poissons.

Le Morbihan, d'où ce département tire sa dénomination, est un petit bras de Mer, ou Golfe qui s'avance de près de deux myriamètres dans les terres, à la faveur duquel la marée monte dans le port de Vannes. Il renferme plus de trente petites Iles, qui, dit-on, ne souffrent point de bêtes vénimeuses.

La Vilaine arrose la partie du Sud-Est de ce département; le Blavet celle du Nord-Ouest; l'Oust celle du Nord-Est.

Le Blavet sort de la partie occidentale du département des Côtes-du-Nord, arrose Pontivi et Hennebon dans celui du Morbihan; puis se décharge dans l'Océan, vis-à-vis la petite île de *Grouais*, située à un demi-myriamètre du continent. Tous les habitans de cette île sont pêcheurs.

L'Oust sort aussi du département des Côtes-du-Nord, au Nord-Est de Corlay, et se décharge dans la Vilaine, entre Redon et Rieux. Cette rivière arrose Uzel dans le département des Côtes-du-Nord, Malestroit et Josselin dans celui du Morbihan.

Vannes, chef-lieu. Cette commune est mal-bâtie, mais très-peuplée et commerçante. Auray à l'Occident de Vannes n'a rien de remarquable. Hennebon, sur le Blavet.

Port-de-la-Liberté, (ci-devant Port-Louis), et l'Orient. Ces deux communes, dont l'une est située à la droite, l'autre à la gauche du Blavet, près de son embouchure, sont assez jolies et commerçantes. C'est à l'Orient principalement que se fait le commerce des Indes-Orientales.

Le Faouet, petite commune sur l'Isotte. Pontivi sur le Blavet, Locminé, près de cette rivière; Rohan, Ma-

lestroit, sur l'Oust, Ploërmel, sur le le même ; Rochefort sur l'*Arts*, petite rivière qui se perd dans l'Oust
à gauche, n'offrent rien d'intéressant.

La Presqu'Ile de *Quiberon* est au Midi de ce département, à l'Ouest du Golfe du Morbihan. Belle-
Ile est située vis-à-vis de cette Presqu'Ile. Elle a deux
myriamètres de long sur un de large : elle est environnée de rochers et défendue par une bonne Citadelle.
Le terrain en est très-fertile.

A R T I C L E XIII.

Le Départememt des Côtes-du-Nord.

Ce département doit son nom aux côtes qui le bornent au Nord, et qui sont baignées par l'Océan. Il
a à l'Ouest le département du Finisterre ; celui du
Morbihan au Midi ; celui d'Ille-et-Vilaine à l'Orient.

Ce département est fertile en grains, en lin et en
chanvre : on y recueille du miel, de la cire, des poires,
des pommes, des châtaignes : on y fait beaucoup de
beure et de suif : il abonde en excellens pâturages
où l'on élève quantité de bestiaux : il y a des mines
de fer.

Le Guer, le Tréguier, et la Rance sont les trois
rivières les plus considérables de ce département.

Le Guer a sa source et coule dans la partie occidentale, passe à Lannion, puis se perd dans
l'Océan.

Le Tréguier, y a aussi sa source, arrose la ville de même nom, et se jette anssi dans l'Océan.

La Rance prend la sienne au Sud-Ouest de Brohon arrose la partie orientale de ce département, traverse une partie de celui d'Ille-et-Vilaine et se décharge pareillement dans l'Océan, à Port-Malo, après avoir arrosé Dinan.

Château-Landrin, Guingamp, Pontrieu, Lannion, Tréguier et Belle-Isle-en-Terre; ne sont pas des communes considérables; elles sont toutes situées dans la partie du Nord-Ouest du département.

Port-Brieux (ci-devant St.-Brieux) près de l'Océan, chef-lieu. Cette commune est dans une position très-avantageuse pour le commerce; son port est au centre de plusieurs petites communes dont il devient naturellement l'entrepôt. Ses environs sont très-fertiles.

Lambale. Cette commune est située dans un pays abondant en excellens pâturages : on y fabrique du parchemin.

Rostrenen, sur le Blavet; Corlay, Loudeac, Uzel, la Chaize-Dieu, Broon, aux environs de l'Oust et de la Rance, n'ont rien de remarquable.

Dinan, sur la Rance. Cette commune, qui est forte et considérable, est située dans une contrée ou l'on recueille beaucoup de lin dont on fait le fil de Bretagne. On y fabrique des toiles de lin et du chanvre, des cottonneries, des flanelles.

A R T I C L E   X I V.

Le Département d'Ille-et-Vilaine.

Le département de la Loire-Inférieure le borne au Midi ; celui de la Mayenne à l'Est ; celui de la Manche et l'Océan au Septentrion ; le département des Côtes-du-Nord et celui du Morbihan à l'Ouest.

Ce département produit du grain, du chanvre, du lin, du bois, de la cire ; il abonde en excellens pâturages où l'on élève quantité de bestiaux, beaucoup de bêtes à laine sur-tout ; on y exploite du plomb, de la mine de fer ; on y fabrique des toiles, des cuirs.

La Vilaine, qui avec l'Ille, donne le nom à ce département, sort de celui de la Mayenne, entre Ernée et Vitré. Elle traverse d'une extrémité à l'autre, du Nord-Est au Sud-Ouest, le département qui lui doit son nom, une partie de celui du Morbihan où elle arrose la Roche-Bernard, et se perd dans l'Océan, vis-à-vis de Belle-Isle. Elle passe à Vitré, à Rennes, et à Redon.

L'Ille a sa source à l'Ouest de Vitré, et se perd dans la Vilaine à Rennes.

Les autres rivières de ce département sont : le Couesnon, le Mein, la Seiche et la Chère.

Le Couesnon a sa source au Nord-Est d'Ernée dans le département de la Mayenne, traverse une partie de celui d'Ile-et-Vilaine, passe à Fougères et à Antrain dans le dernier de ces deux départemens, et se perd dans l'Océan. Le Mont-Saint-Michel est situé vis-à-vis l'embouchure de cette rivière. Les petites Iles de Cháusei le sont au Nord-Ouest de ce Mont.

Le Mein est une petite rivière qui se perd dans la Rance, et qui arrose Montfort et Bréal.

La Seiche prend sa source au Nord-Est de la Guerche, et se jette dans la Vilaine, au-dessous de Rennes.

La Chère a sa source dans la partie du Nord-Est du département de la Loire-Inférieure où elle arrose Châteaubriand, baigne la partie méridionale de celui d'Ille-et-Vilaine, et se perd dans la Vilaine au-dessus de Redon.

Port-Malo, sur l'Océan. Cette commune est bâtie dans une petite île qu'une chaussée a jointe au continent. Il s'y rend tous les ans une grande quantité de vaisseaux marchands : ce qui la rend très-commerçante. Servan et Cancal, petites communes maritimes. La dernière est située au fond d'une baye à laquelle elle donne son nom.

Dol, près de l'Océan, est une commune médiocrement grande, située dans une contrée marécageuse, mais fertile en bled et en chanvre. Antrain n'a rien de remarquable.

Fougères et St.-Aubin du Cornier, petites communes. La première est remarquable par les Foires qui s'y tiennent, et où il se vend beaucoup de bœufs; il s'y fait aussi un grand commerce de cuirs.

Vitré, sur la Vilaine, est un grande commune bien peuplée, et connue par son commerce immense de toiles et par ses manufactures de bonneterie. Monfort-la-Canne n'a rien de remarquable.

Rennes, au confluent de l'Ille et de la Vilaine. Cette commune est ancienne et considérable. Elle éprouva en 1720 un incendie qui consuma 850 maisons. Depuis cet accident cette commune a été embellie : les rues sont bien percées et les maisons bâties de pierres ou de briques. On y fabrique des chapeaux, de la toile, des couvertures de laine; elle est le chef-lieu du tement.

La Guerche est une petite commune dont les environs sont fertiles : Bain n'offre rien de curieux : Redon est l'entrepôt de tout le commerce, qui se fait à Rennes par la Vilaine.

ARTICLE XV.

Le Département de la Loire-Inférieure.

Il est entouré des départemens de la Vendée, de Maine-et-Loire, de la Mayenne, d'Ille-et-Vilaine, du Morbiha et de l'Océan.

Ce département est situé des deux côtés de la Loire,

(1) il produit des grains, du lin, du chanvre ; on y élève des bêtes à laine ; il abonde en excellens pâturages ; on y exploite du charbon de terre, de la mine de fer.

Briant (ci-devant Châteaubriant), sur la Chere, n'a rien de remarquable que son château. Elle est située dans une plaine fertile en grains.

Ancénis, sur la Loire, Saint-Florent-le-Vieux, Savenay, sur ce fleuve ; Coislin, Pont-Château, petites communes où l'on ne voit rien de remarquable.

Nantes, sur la rive droite de la Loire, chef-lieu. C'est une commune ancienne, considérable, riche, bien peuplée et très-commerçante. Son heureuse situation, l'industrie et le génie actif de ses habitans, en firent dans tous les tems une des principales villes de commerce de la France. Son commerce maritime est immense ; les gros vaisseaux qui ne peuvent pas remonter la Loire s'arrêtent à Paimbeuf, quatre myriamètres au-dessous. Les environs de Nantes sont charmans ; les quais qui bordent la Loire forment de belles promenades publiques. On fabrique à Nantes des indiennes, des cotonnades, des bazins, des coutils, des serges, des liqueurs ; il y a des raffineries de sucre, des blanchisseries de cire, des verreries, des filatures de coton.

---

(1) Voyez la note ci-dessus à l'article du département du Loiret.

Savenai, Guérande, Paimbœuf, Pornic, Bourga-neuf, Machecoul, ne sont pas des communes bien considérables. Elles sont toutes situées aux environs de la Loire et des bords de l'Océan. La dernière est située dans un bon pays; il s'y fait un commerce considérable de grains. Clisson, sur la Sèvre-Nantaise, est une petite commune située dans un pays abondant en excellens pâturages.

Les cinq départemens dont nous venons de faire la description, embrassent presques en totalité la province de Bretagne. Elle était bornée à l'Orient, par l'Anjou et le Maine; au Midi, en partie par le Poitou; les autres côtés étaient environnés de l'Océan, en sorte qu'elle formait une presqu'île.

La Bretagne ne fit point d'abord partie de la monarchie. Elle eut dès les commencemens des Souverains qui allèrent souvent de pair, et qui surpassèrent quelquefois en puissance les Monarques Français, principalement sous les Rois de la première et de la seconde race. Ces Souverains portèrent pendant un tems le nom de rois; ils prirent ensuite celui de comtes et de ducs. Cette province est venue à la France en 1491, par le mariage d'Anne de Bretagne, unique héritière de François II, dernier Duc de Bretagne, avec Charles VIII, puis avec Louis XII, son successeur. François I, l'a unie à la couronne en 1532.

La Bretagne était divisée en haute et basse; la haute à l'Orient et la basse à l'Occident. Rennes était la capitale de la première et de toute la Province, Vannes était une des villes les plus considérables de la dernière.

ARTICLE XVI.

Le Département de Maine-et-Loire.

Il est borné au Midi par le département des Deux-Sèvres et par une partie de celui de la Vienne; à l'Orient par celui d'Indre-et-Loire; au Nord par ceux de la Sarthe et de la Mayenne; au Couchant par celui de la Loire-Inférieure.

Ce département produit des grains de toutes espèces, du vin, du chanvre, du lin, du bois, des fruits; on y recueille du miel, de la cire; on y élève des bestiaux; on y fait de l'au-de-vie; de l'huile de noix; on y fabrique de la quincaillerie, beaucoup d'étoffes de laine, des toiles à voiles, des mouchoirs, des indiennes, des bas; on y exploite de l'ardoise, du charbon de terre; il y a d'excellens pâturages.

La Mayenne traverse la partie septentrionale de ce département : elle a sa source au Nord de Domfront dans celui de l'Orne, au pied de la chaîne de rochers, qui le traverse; cette rivière traverse par le milieu d'une extrémité à l'autre, du Nord au Sud, le département auquel il donne son nom; puis se décharge dans la Loire, au-dessous de Saumur, après avoir arrosé Laval, Mayenne, Château-Gontier et Angers.

La Mayenne qu'on appelle Maine, à Angers, donne, avec la Loire, son nom à ce département.

La Sarthe en traverse une partie, ainsi que le Loir. Les autres rivières un peu considérables sont; l'Erdre, la Thoué, et le Coësnon.

L'Erdre arrose la partie du Sud-Ouest où elle prend naissance, passe à Beaupréau et à St.-Florent; puis se perd dans la Loire.

La Thoué prend naissance à l'Ouest de Parthenay, dans le département des Deux-Sèvres, arrose la partie du Sud-Est de celui de Maine-et-Loire, et se décharge dans la Loire, à Saumur.

Le Coësnon, qu'il ne faut pas confondre avec le *Couesnon*, est une petite rivière qui arrose la partie du Nord-Est de ce département, et qui se perd dans la Loire au-dessus d'Angers.

Montfaulcon, Cholet, sur le Bénaud, petite rivière qui se perd dans la Sèvre-Nantaise, Puy-Notre-Dame, Montreuil - Bellay, Fontevrault, Vihiers, Brissac, Maulevrier, sur différentes rivières, ne sont pas des communes considérables. Il se tient à Cholet des foires qui sont très-fréquentées, et où l'on fait un grand commerce de toiles, de bestiaux et d'autrss marchandises.

Saint-Florent et Beaupréau, petites communes.

Saumur, sur la Loire, est une petite commune mal

bâtie, avec un château ancien et fort, ou l'on enfermait les prisonniers d'État.

Angers, au confluent de la Sarthe et de la Mayenne, chef-lieu. Cette commune est ancienne, belle, considérable et très-commerçante. On y fabrique des toiles à voiles, des mouchoirs, des indiennes, des bas, des étamines, des serges.

Pont de Cé, petite commune où l'on passe la Loire sur des ponts qui ont environ mille pas de longueur.

Ségré à la droite de la Mayenne, Candé, Château-neuf sur la Sarthe; Duretal; Beaugé, Longué, Beaufort, Pouancé, petites communes.

Le département de Maine-et-Loire est formé de la partie orientale de l'Anjou, de la partie du Nord-Est du Poitou, et de la partie Nord-Ouest de la Touraine.

L'Anjou était borné au Nord, par le Maine; à l'Occident par la Bretagne; au Midi par le Poitou; à l'Orient, par la Touraine. Il était divisé en haut et bas. Angers était la capitale du premier et de toute la Province, Saumur l'était du second.

ARTICLE XVII.

Le Département de la Mayenne.

Il est borné au Midi, par le département de la
Loire-inférieure

Loire-Inférieure et par celui de Maine-et-Loire ; à l'Est par celui de la Sarthe ; au Septentrion, par ceux de l'Orne et de la Manche ; au Couchant, par celui d'Ille et-Vilaine.

On y récolte des grains, du lin, du chanvre. Ce département renferme beaucoup d'excellens pâturages où l'on élève des bestiaux : on y exploite du marbre, du charbon de terre, des mines de fer.

Château-Gonthier, sur la Mayenne : il s'y fait un commerce assez considérable d'étoffes de laine, de toiles et de cire. Les environs de Craon sont fertiles et abondans en pâturages. Les foires et les marchés de Ste.-Suzanne sont fort fréquentés.

Laval, sur la Mayenne, chef-lieu. C'est une commune considérable et bien peuplée. Son principal commerce consiste en toiles, qui s'y fabriquent : ces toiles, quoique d'une qualité et d'un prix médiocre, sont estimées.

Evron, près la Mayenne ; Ambrières sur la Varenne, petite rivière qui se perd dans celle-ci, petites communes. Vilaine, Lassy et Ernée n'ont rien de remarquable. La dernière est située sur une petite rivière de même nom qui se perd dans la Mayenne à Laval.

Le département de la Mayenne est formé de la partie occidentale du Maine et d'une partie de l'Anjou.

Le gouvernement du Maine comprenait la Perche.

H

Celui-ci était une très-petite province dont Mortagne était la capitale.

Le Maine etait borné au Septentrion, par la Normandie; à l'Orient, par le Pays-Chartrain; au Midi, par l'Anjou; et à l'Occident par la Bretagne. Il était divisé en haut et bas; le haut vers le Septentrion avait Mayenne pour capitale; le Mans l'était du bas qui était située vers le Midi. Laval était une des villes les plus considérables de celui-ci.

ARTICLE XVIII.

Le Département de la Sarthe.

Il est situé entre les départemens de Maine-et-Loire, d'Indre-et Loire, du Loir-et-Cher, d'Eure-et-Loir, de l'Orne et de la Mayenne.

On y récolte des grains, du vin, du bled de Turquie, de la graine de luzerne, des pois, des fèves, des haricots, des noix, du lin, de la gomme, de la cire: on y engraisse des bestiaux et de la volaille, et particulièrement des poulardes: on y exploite du marbre, du fer, de l'ardoise.

La Sarthe, qui lui donne son nom, le traverse en entier du Nord-Est au Sud-Ouest. Elle a sa source dans le département de l'Orne, au pied d'une des chaînes de rochers qui traversent ce département, à un myriamètre de Mortagne; elle passe à Alençon à Fresnay, au Mans, à Châteauneuf; et se perd dans la Mayenne à gauche, à Angers.

Le Loir arrose la partie méridionale de ce département; l'Huine celle du Nord-Est.

Fresnay, sur la Sarthe; Beaumont, sur la même; Mamers à sa gauche; Sillé-le-Guillaume, sur la *Vègre*, petite rivière qui s'y perd; la Ferté - Bernard, sur l'Huine, Montmirail, près de cette rivière, petites communes. La Ferté-Bernard est située dans un pays excellent et fertile.

Le Mans, chef-lieu, sur la Sarthe. C'est une commune ancienne, belle, grande, bien peuplée, riche et commerçante, c'est à ses fabrique d'étamines et autres belles étoffes de laine qu'elle doit son commerce florissant; on y fait encore un grand commerce de cire, qu'on travaille, qu'on blanchit et dont on fait de très-belles bougies; on y fabrique des ouvrages de de cuir bouilli, du papier; il y a des filatures de coton.

St-Calais, Bonneval, Château-du-Loir, Vaas, sur le Loir; Grand-Lucé près de cette rivière, Communes peu considérables. Les vins blancs des environs de Château-du-Loir sont estimés.

La Flèche, sur le Loir. Cette commune est située dans un vallon bordé de côteaux couverts de vignes. On y fabrique des étamines, des voiles. Il y avait autrefois à la flèche un fameux collège, qui était très-renommé. Le Lude, petite commune sur la même rivière. La Châtre, sur le Loir.

H 2

Le département de la Sarthe embrasse la partie orientale du Maine; la partie occidentale de l'Orléanais; la partie du Nord-Est de l'Anjou, et une partie de la moyenne Normandie.

ARTICLE XIX.

Le Département d'Indre-et-Loire.

Il est entouré des départemens de la Vienne, de l'Indre, du Loir-et-du-Cher, de la Sarthe et de Maine-et-Loire.

On y récolté du bled, du vin, des haricots, des fèves, de l'anni, de la coriandre, du millet, des fruits, des melons, de la soie, du miel, de la gomme : on y élève beaucoup d'Oies, et autres volailles : il y a des mines de fer, on y fait de l'huile.

L'Indre, qui avec la Loire, donne le nom à ce département, a sa source dans la partie méridionale du département de l'Indre, le traverse du Sud-Est au Nord-Ouest, ainsi que celui d'Indre-et-Loire, passe à Châteauroux, à Châtillon - sur - Indre, à Loches, et se perd dans la Loire à gauche, au - dessous de Langeais.

La Vienne, la Creuse et le Cher arrosent différentes parties de ce département.

Château-Regnault, Luines, en Montbazon, Cormery petites communes, situées à la droite de la Loire.

Tours, sur ce fleuve, chef-lieu. Cette commune est très-ancienne, très-grande et très-belle, et située avantageusement dans une plaine fertile. Le mal de cette commune passe pour être le plus beau de toute la France. Tours a plusieurs manufactures de soie, de velours, de damas : on y fabrique les gros-de-tours, ler ras de Saint-Maur, les ras de Sicile.

Amboise à l'Orient de Tours, sur le même fleuve, est une commune ancienne : on y fabrique de grosses étoffes connues sous le nom d'*Amboise*, de l'acier, des boutons de métail, des étoffes de laine et de petits draps.

Bléré, sur le Cher, Langeais, sur la Loire, ne sont pas des communes considérables. La dernière est renommée pour ses excellens melons ; il s'en faisait autrefois un commerce considérable ; mais ils ont perdu de leur réputation depuis que les jardiniers de Paris en cultivent qui ont l'avantage sur eux.

Chinon, sur la Vienne, est la patrie de Rabelais. Il s'y fait un commerce assez considérable de bled et debestiaux.

Aisay-le-Rideau, Sainte-Maure, l'Ile-Bouchard, Loches, Beaulieu, Montresor, Ligueuil, Preuilly, la Guerche et la Haye n'offrent rien de remarquable. Il y a près de Preuilly des mines de fer qui sont d'un grand

H 3

produit. Toutes ces communes sont voisines de la Vienne et de l'Indre, ou situées sur l'une ou l'autre de ces rivières.

Le département d'Indre-et-Loir est formé de la partie septentrionale de la Touraine, de la partie du Sud-Est de l'Anjou, d'une partie du Maine, de la partie du Sud-Ouest de l'Orléanais, et de la partie du Nord-Ouest du Poitou.

La Touraine était bornée au Nord par le Vendômois et une partie du Maine ; à l'Orient, par le Blaisois et une partie du Berri ; au Midi, par le Berri en partie, et par le Poitou ; à l'Occident, par une autre partie du Poitou et par l'Anjou. Elle se divisait en haute et basse. La Haute au Nord avait pour capitale Tours, qui l'était en même tems de toute la Province. Amboise l'était de la Basse qui était située auSud.

ARTICLE XX.

Le Département du Loir-et-du Cher.

Il est entouré des départemens de l'Indre, du Cher, du Loiret, d'Eure-et-Loir, de la Sarthe et d'Indre-et-Loire.

Le terroir de ce département produit du vin et du bois : on y fabrique de l'eau-de-vie, du papier ; de la coutellerie, de la bonneterie, des draps, il y a des mines de fer.

La Loire partage ce département en deux parties à peu-près égales. Des deux rivières qui lui donnent le nom l'une en arrose la partie du Nord-Ouest; c'est le Loir; le Cher en arrose la partie du Sud-Ouest. Il sor du département de la Creuse, traverse la partie occidentale de celui de l'Allier, la partie méridionale de celui du Loir et du Cher, une partie de celui d'Indre-et-Loire, passe à Evaux, à Montluçon, à Saint-Agnan et se décharge dans la Loire, au-dessous de Tours.

Le Cousson, le Beuvron et la Saudre sont les trois rivières les plus considérables de ce département. (voyez le cours des deux premières à l'article du Loiret.)

La Saudre a sa source au Sud-Est de Henrichemont dans le département du Cher, passe près d'Aubigny dans le même département, traverse la partie du Sud-Ouest de celui du Loir-et-du Cher où elle arrose Salbris et Romorantin, et se décharge dans le Cher, au-dessus de Saint-Agnan.

Montdoubleau, près du Loir, Vendôme, sur cette rivière; Mers, près la Loire. Il y a des papeteries à Vendôme; on y fabrique des gants et de la broderie.

Blois, sur la Loire, chef-lieu. C'est une commune ancienne, belle et agréablement située. Le Pont de pierres, sur lequel on passe la Loire, est très-beau. On fabrique à Blois des gants, de la bonneterie, du jus de réglisse, de la coutellerie.

Romorantin est une petite commune située dans une vallée agréable et fertile; il y a des manufactures d'étoffes de laine, comme serges, draps.

Selles, Ménétous, Saint-Agnan, sur le Cher; Mont-trichard sur la Saudre, petites communes qui n'offrent rien de curieux.

Le département du Loir-et-du-Cher embrasse la partie méridionale de l'Orléanais, la partie du Nord-Est de la Touraine; la partie du Sud Est du Maine et la partie du Nord-Ouest de Berri.

Le Berri occupait à peu-près le centre du royaume. Il était borné au Nord, par la Sologne et le Gâtinais Orléanais; à l'Orient, par le Nivernais; au Midi par le Bourbonnais et la Marche; à l'Occident par le Poitou et la Touraine. Il était divisé en haut et bas. Le haut, à l'Orient, était situé à la droite du Cher; le bas, à l'Occident, l'était au Couchant de cette rivière. Bourges était la capitale du premier et de toute la Province; Issoudun l'était du second.

SECTION III.

Les Départemens situés entre la Loire, et ceux qui doivent leur nom aux rivières qui se perdent dans la Garonne à droite.

La plupart de ces départemens sont situés aux environs de trois rivières assez considérables, dont le

cours peut servir à en faire connaître la position. Ce
trois rivières sont : la Charente, la Vienne et l'Allier.

La Charente a sa source dans la partie occidentale
du département de la Haute-Vienne, au Sud-Est de
Rochechouart. Elle traverse du Sud-Est au Nord-Ouest
la partie orientale du département qui lui doit son
nom, continue son cours dans la même direction
jusqu'à Civray dans le département de la Vienne
coule ensuite presqu'en droite ligne vers le Sud jusqu'à
Angoulême; puis traverse par le milieu, du Sud-Est
au Nord-Ouest, le département de la Charente-Inférieure, et se décharge dans l'Océan, au Nord de
l'embouchure de la Garonne. Elle passe à Civray ,
à Angoulême, à Cognac, à Tonnay-Charente, à
Rochefort.

La Vienne sort du département de la Creuse, traverse par le milieu de l'Est à l'Ouest le département
de la Haute-Vienne, arrose la partie du Nord-Est
de celui de la Charente, et la partie orientale de celui
de la Vienne du Sud-Est au Nord-Ouest, une partie
de celui d'Indre-et-Loire, passe à Limoges, à Consolens, à l'île Jourdain à Châtelleraut; puis se décharge dans la Loire au-dessus de Saumur.

L'allier sort des montagnes du Gévaudan, dans le
département de la Lozère, traverse la partie occidentale
du département de la Haute-Loire, la partie orientale
de celui du Puy-de-Dôme, celui qui lui doit son nom

par le milieu, du Midi au Nord-Ouest, passe près de de Brioude et d'Issoire, ensuite à Moulins; puis se perd dans la Loire, un peu au-dessous de Nevers.

ARTICLE I.

Le Département de la Vendée.

Ce département est situé au Nord-Ouest de l'embouchure de la Charente, sur le bord de l'Océan, entre les départemens de la Charente-Inférieure, des Deux-Sèvres, et de la Loire-Inférieure.

Il est fertile en grains, il abonde en pâturages excellens, où l'on élève quantité de bestiaux, beaucoup de chevaux et de mulets entr'autres: on y fait beaucoup de sel.

La Vendée prend sa source dans le département de son nom, au Nord-Est de la Châtaigneraye, elle coule presque en droite ligne du Nord-Est au Sud-Ouest, sépare le département qui lui doit son nom de celui de la Charente-Inférieure, et se perd dans l'Océan, vis-à-vis de l'île de Rhé.

La Sèvre Nantaise arrose la partie du Nord-Est de ce département; le Lay le traverse presqu'en entier du Nord-Est au Sud-Ouest, y arrose Montchamp et Moreuil, passe près de Luçon qui est à sa gauche, et se perd dans le Pertuis-Breton, qui est à l'embouchure de la Vendée.

Beauvoir, Challans, près de l'Océan, Montaiguè,

Tiffauges, près de la Sèvre-Nantaise; Mortagne, sur cette rivière; petites communes qui n'ont rien de remarquable.

La Châtaigneraye, et Pouzangues, près le lac sont situées dans un pays fertile en grains et abondant en pâturages.

Les Sables d'Olone, petite commune, sur l'Océan. Elle a un port qui rend son commerce assez considérable: le pays des environs est fertile en grains: il abonde en pâturages; on y fait un grand commerce de chevaux, de mulets et autres bestiaux. Talmont près de l'Océan, petite commune.

Fontenay-le-Peuple (ci-devant Fontenay-le-Comte), sur la Vendée, chef-lieu. Cette commune est bien bâtie et les maisons assez belles. Il s'y fait un commerce considérable de bestiaux; on y fabrique des draps, des étamines, des tirtaines, des carizets. Luçon et Vouvans, près de la même rivière n'ont rien de remarquable.

Le département de la Vendée est formé de la partie du Nord-Ouest du Poitou, des marches communes et d'une partie de la généralité de la Rochelle.

Le Poitou était borné au Nord, par la Bretagne, et l'Anjou; à l'Orient par la Touraine, le Berri et la Marche; au Midi, par l'Angoumois et l'Aunis, et à l'Occident par l'Océan. On le divisait en haut et bas Poitou; le haut à l'Orient, le bas vers l'Océan. Poitiers

était la capitale du premier et de toute la Province;
Fontenay-le-Comte était la ville la plus remarquable
du dernier.

ARTICLE II.

Le Département des Deux-Sèvres.

Les départemens de la Charente et de la Charente-
Inférieure le bornent au midi; celui de la Vienne, à
l'Orient, celui de Maine-et-Loire au Septentrion,
celui de la Vendée à l'Occident.

Ce département produit du bled, des grains, des
fèves, du bois, il abonde en excellens pâturages, où
l'on élève quantité de bestiaux de toute espèce, beaucoup de mulets sur-tout.

Ce département tire sa dénomination de deux rivières de même nom, dont l'une en arrose la partie
du Nord-Ouest, l'autre celle du Sud-Ouest. Elles
sortent toutes deux d'une chaîne de rochers qui traverse ce département du Sud-Est au Nord-Ouest. La
première, que l'on appelle la Sèvre Nantaise, a ses
sources à l'Occident de Parthenay et va se perdre
dans la Loire à Nantes. La seconde, que l'on nomme
la Sèvre Niortaise, a la sienne au Sud-Est de Saint-
Maixent, passe à Niort, et se perd dans la Vendée.

Les autres rivières de ce département sont la Thoué,
la Dive et la Boutonne. La Dive est une très - petite

rivière qui se perd dans la Thoué, après avoir arrosé une très-petite partie du département de la Vienne.

La Boutonne a sa source auprès de Chef-Boutonne qu'elle arrose, ainsi que Brion, traverse une partie du département de la Charente-Inférieure, puis se perd dans la Charente, au-dessus de Rochefort. La Boutonne reçoit à droite la *Bellé*, petite rivière qui arrose Melle.

Châtillon, près la Sèvre-Nantaise. Cette commune est renommée pour ses fabriques de serges. Touars, Airvaux, sur la Thoué, Argenton, près de cette rivière, Bressuire, à sa gauche, petites communes.

Parthenay, sur la Thoué; c'était autrefois une Place forte; on y fait un commerce considérable de bestiaux.

Niort, chef lieu. C'est une commune assez considérable, bien peuplée et commerçante: ses environs sont très-fertiles et abondans en pâturages. Le principal commerce de cette commune consiste en chamois, et en étoffes de laine, qui s'y fabriquent.

Saint-Maixent et Melle ne sont pas des communes considérables. Il se fait un grand commerce d'étoffes et de bas de laine dans la première.

Le département des Deux-Sèvres est formé de la partie méridionale du Poitou, d'une partie de la Généralité de la Rochelle, et d'une partie du Pays d'Aunis.

ARTICLE III.

Le Département de la Vienne.

Il est borné au Midi, par le département de la Charente; à l'Orient, par ceux de la Haute-Vienne et de l'Indre; au Septentrion, par ceux d'Indre-et-Loire; à l'Ouest par celui des Deux-Sèvres.

On y récolte du bled, du vin, du chanvre, du lin, des prunaux, des fruits, de l'anis, de la coriandre, du miel, de la cire; on y élève des bêtes à laine et à cornes, des mulets, des oies et autres volailles, on y fait de l'huile de noix, de l'eau-de-vie; on y fabrique des étoffes de laine, de la bonneterie, de la coutellerie; on y exploite des meules de moulin.

La Vienne traverse la partie orientale de ce département presqu'en droite ligne du Sud au Nord. Le Clain en arrose la partie du Sud-Ouest, la Gartempe, celle du Nord-Est.

Le Clain a sa source au Sud-Ouest d'Aloué dans le département de la Charente, arrose Usson, Gençey et Poitiers dans celui de la Vienne, et se décharge dans la rivière de ce nom, au-dessus de Châtellerault.

La Gartempe a la sienne à l'Est de Bénévent dans le département de la Creuse, traverse la partie septentrionale de celui de la Haute-Vienne, et se perd dans la Creuse, au-dessous de le Blanc.

Loudun, près la Dive. Cette commune est ancienne, et renommée par la farce des Ursulines possédées, attribuée à Urbain Grandier, curé de cette commune, qui fut brûlé vif sur la déposition du diable *Astaroth* en 1634. Montcontour petite commune.

Châtellerault, sur la Vienne, Cette commune est située dans un terroir agréable et fertile. On y fabrique des ouvrages de coutellerie, qui sont très-estimés. Ingrande, sur le Benauz, petite commune.

Poitiers, sur le Clain, chef-lieu. C'est une commune ancienne, d'une vaste étendue, mais peu peuplée, ayant dans son enceinte beaucoup de jardins et de terres labourables. On y fabrique du fil et des bas de soie, des étoffes de laine, de la bonneterie.

Mirebeau, près la Vienne, petite commune au Nord-Ouest de Poitiers. Luzignan, près le Clain, Vivonne, sur cette rivière au-dessus de Tours, n'ont rien de remarquable.

Montmorillon, sur la Gartempe; Lussac, sur la Vienne, Chauvigny, l'île-Jourdain, sur la même; Saint-Savin, sur la Gartempe, et la Trémouille, n'ont rien de remarquable.

Civray, sur la Vienne. Cette commune est située dans une contrée fertile et agréable. Charroux, petite commune.

Le département de la Vienne est formé d'une partie du Poitou et de la partie occidentale de la Touraine.

ARTICLE IV.

Le Département de l'Indre.

Il a au Midi les départemens de la Haute-Vienne et de la Creuse, celui du Cher au Levant, celui du Loir-et-Cher au Nord, ceux d'Indre-et-Loire et de la Vienne au Couchant.

Ce département produit des grains, du vin, du chanvre, du bois, on y éleve des bestiaux, de la volaille, beaucoup d'oies sur-tout : on y fabrique des étoffes de laine et d'excellent fer.

L'Indre partage ce département qui lui doit son nom en deux parties à-peu-près égales ; la Creuse en arrose celle du Sud-Ouest. La Bouzane et l'Arnon, sont deux rivières de ce département.

La Bouzane sort de celui du Cher, arrose la Châtre, et se perd dans la Creuse, au-dessous d'Argenton.

L'Arnon sort de celui de la Creuse, arrose la partie du Sud-Ouest de celui du Cher, et se perd dans la rivière de ce nom à gauche, au-dessous de Vierzon.

Châtillon-sur-Indre, est une commune médiocrement grande, située dans une plaine agréable et fertile. Mezières en Brenne, sur la *Claise*, qui a sa source dans ce département et qui se perd dans l'Indre, petite commune.

Issoudun, près l'Arnon. Cette commune est assez considérable

considérable. Elle est située partie en plaine, partie sur une éminence. Ses habitans font un grand commerce de bois: on y fabrique des chapeaux et de la bonneterie.

Châteauroux (aujourd'hui Indre-Libre), chef lieu. C'est une jolie commune située dans une contrée agréable et fertile. On y fabrique des draps et des ratines.

Devoux, pres l'Indre, Buzançay, le Blanc, Argenton, sur la Creuse, Cluys-dessus, près de cette rivière; la Châtre, sur la Bouzane; Saint-Chartier, Sainte-Sevère, sur l'Indre; Aigurande, sur la Claise, n'offrent rien d'intéressant. Cette dernière commune et la Châtre font un commerce assez considérable de bestiaux.

Le département de l'Indre comprend la partie occidentale du Berri, une partie de l'Orléanais et la partie méridionale du Bourbonnais.

ARTICLE V.

Le Département du Cher.

Il est borné au Midi, par les départemens de la Creuse et de l'Allier; à l'Orient par la rivière de ce nom et la Loire qui le séparent du département de la Nyévre; au Nord par le département du Loiret; à l'Occident par ceux du Loir-et-Cher et de l'Indre.

On récolte dans ce département des grains, du vin ,

I

du chanvre, du lin, des châtaignes. Il abonde en excellens pâturages, qui sont couverts de bestiaux, de moutons principalement. Il y a des mines de fer; on y trouve de l'ocre.

Le Cher, qui lui donne son nom, sort du département de la Creuse, traverse la partie occidentale de celui de l'Allier, et de celui qui lui doit son nom, la partie méridionale de celui du Loir-et-Cher, une partie de celui d'Indre-et-Loire, passe à Evaux, à Montluçon à Saint-Agnan, et se perd dans la Loire au-dessous de Tours.

La Saudre en arrose la partie septentrionale; l'Evre et l'Auron celle du centre.

L'Evre a sa source au Nord-Est de Sancoins dans la partie du Sud-Est de ce département, passe à Bourges et se perd dans le Cher à Vierzon. Elle reçoit à gauche l'Auron, qui sort du département de l'Allier.

Aubigny, sur la Saudre; Sancerre, sur l'Allier; la chapelle d'Augillon, près la Saudre; Henrichemont, Vierzon, Mehun, communes peu considérables. Les vins de Sancerre sont estimés; il se tient des foires, considérables à Aubigny.

Bourges, chef-lieu. C'est une commune ancienne, grande, mais mal peuplée. On y fabrique des toiles peintes et de la bonneterie.

Villequierz, près de l'Evre; Sancoins, près l'Allier; Saint-Amand sur l'Evre; Châteauneuf, sur le Cher;

Château-Maillant, sur l'Arnon, Culan, Liguières, sur le même, petites communes qui n'offrent rien de curieux.

Le département du Cher embrasse la partie orientale du Berri, la partie du Sud-Est de l'Orléanais; la partie du Nord-Ouest du Nivernais, et la partie septentrionale du Bourbonnais.

ARTICLE VI.

Le Département de la Charente-Inférieure.

Il est entouré de la Gironde, du département de même nom, de ceux de la Dordogne, de la Charente, des Deux-Sèvres et par l'Océan.

On y récolte beaucoup de bled, du vin, du chanvre, de la graine de lin et de moutarde, du tabac. Il y a beaucoup de pâturages et des marais salans: on y élève quantité de bêtes à cornes: il y a des eaux minérales.

La Charente partage ce département en deux parties à peu-près égales. La Saudre et la Seygne en arrosent la partie méridionale. Elles y ont toutes deux leur source. La première se perd dans l'Océan, au Nord de l'embouchure de la Gironde; l'autre dans la Charente au-dessus de Saintes.

La Rochelle, sur l'Océan. Cette commune n'est pas d'une grande étendue, mais elle est jolie, bien bâtie et riche. La plupart des vaisseaux qui font le commerce d'Amérique, abordent d'ordinaire dans ce port, qui est commode et sûr. Il y a à la Rochelle des raffineries de sucre, des manufactures de fayence et une verrerie nationale.

Rochefort. Cette commune n'est qu'à deux myriamètres et-demi de l'embouchure de la Charente. Elle est considérable et bien fortifiée; il s'y trouve un magnifique arsénal, un superbe hôpital. de très-belles casernes, une belle corderie, une fonderie de canons et un magazin fourni de tout ce qui est nécessaire pour les vaisseaux de ligne.

Tonnay-Charente, St-Jean d'Angely, Taillebourg, Tonnay-Boutonne , Marennes, Royan, Brouage, Soubise communes peu considérables.

Saintes, sur la Charente, chef-lieu. C'est une commune ancienne, dont les rues sont étroites et mal disposées. Elle fut, sous les Romains, ornée de monumens magnifiques dont il ne reste plus que des ruines. Talmont, Pons et Jonsac.

Les îles de Rhé, d'Aix et d'Oleron, sont situées au Couchant de ce département assez près de la côte.

L'île de Rhé n'a que trois myriamètres de long, sur un de large environ. Elle est très-fertile en vin; mais il n'y croît ni bled ni foin. On y fait beauconp d'eau-de-vie. Saint-Martin en est la commune la plus remarquable.

L'île d'Aix est très-petite. C'est-là qu'on arme les vaisseaux de ligne qui sortent du port de Rochefort, et que l'on désarme ceux qui doivent remonter la Charente.

L'île d'Oleron a trois myriamètres de longueur, sur environ un et demi de largeur. Elle est tres-bien cultivée, et fertile en bled et en vin.

Le département de la Charente-Inférieure est formé d'une partie de la Haute et Basse Saintonge, de la Généralité de la Rochelle et du pays d'Aunis.

Le gouvernement de Saintonge était situé à la droite de la Gironde, sur le bord de l'Océan. Il comprenait la Saintonge et l'Angoumois. Saintes était la capitale de la Saintonge; Angoulême de l'Angoumois.

Le gouvernement d'Aunis n'était pas fort étendu. Il était situé au Nord-Ouest du précédent. La Rochelle en était la capitale.

ARTICLE VII.

Le Département de la Charente.

Il est situé entre les départements de la Dordogne, de la haute Vienne, de la Vienne, des Deux-Sèvres et de la Charente-Inférieure.

On y récolte des grains, du vin, du lin, du safran, du genièvre, des poires, des pommes dont on fait du cidre, du tabac: on y fait de l'eau-de-vie: il y a des papeteries et des pâturages.

La Vienne arrose la partie du Nord-Est de ce département, la Charente celle du Nord-Ouest.

Ruffec, Verteuil, Maufle, petites communes aux environs de la Charente.

Consolens, sur la Vienne, petite commune dont le territoire est très-fertile en grains, et où l'on trouve d'excellens pâturages. Chabannois très-petite commune.

Cognac, sur la Charente. Cette commune n'est pas fort grande; mais les campagnes fertiles qui l'environnent, en rendent le séjour délicieux. Les eaux-de-vie de cognac sont tres-renommées: elles passent pour les meilleures de la France. Il s'en fait un commerce considérable. On fabrique de la fayence à Cognac; François I. y est né.

Jarnac, à l'Orient de Cognac, sur la même rivière, est fameuse par la victoire que le duc d'Anjou, depuis Henri III, remporta sur les calvinistes en 1569.

Angoulême, sur la Charente. C'est une commune ancienne bâtie sur une montagne; sa situation est très-heureuse: on y jouit d'une vue charmante; mais l'intérieur ne répond pas à ces agrémens, les rues étant mal allignées. On fabrique à Angoulême de grosses draperies, des serges, des étamines. Il y a des papeteries, des fayenceries, des blanchisseries de cire, des martinets pour battre les chaudrons. Le papier d'Angoulême est très-estimé: on l'employe pour les plus belles impressions.

La Valette, Blanzac, la Rochefoucault, Marton, Barbézieux, Montmoreau, Aubeterre ne sont pas des communes considérables. On fabrique des toiles à Barbézieux. Toutes ces communes sont situées sur différentes petites rivières qui se perdent dans la Charente et dans la Dronne.

Le département de la Charente est formé de l'Angoumois, d'une partie de la Saintonge et d'une partie de la Généralité de Bordeaux.

ARTICLE VIII.

Le Département de la Haute-Vienne.

Il est situé entre les départemens de la Dordogne, de la Corrèze, de la Creuse, de l'Indre, de la Vienne, et de la Charente.

Ce département n'est pas très-fertile en grains: on y recueille de la cire: on y élève des chevaux et des bœufs; on y exploite de l'antimoine, de la terre à pipes et à porcelaine; il y a des mines de fer et des papeteries.

Le Dorat, Magnac-Laval, sur la *Sèvre*, petite rivière qui se perd dans la Gartempe; Bellac, près de cette rivière; Saint-Junien et Saint-Léonard, sur la Vienne, petites communes.

Limoges, sur la même, chef-lieu. C'est une commune ancienne, considérable, marchande et assez bien située; mais l'intérieur n'en est pas agréable: les rues sont étroites et très-rapides, presque toutes les maisons sont de bois; on y voit quelques antiquités Romaines; il y a de fort belles promenades et des fontaines publiques qui fournissent de l'eau abondamment. On y fabrique de grosses étoffes et de la grosse toile, des mouchoirs, de la porcelaine. Il y a des papeteries, des forges, des tanneries, des blanchisseries de cire.

Rochechouart, Saint-Yrieix, Saint-Germain-les-belles-filles, Chalus, petites communes situées dans des pays remplis de montagnes. Saint-Yrieix a plusieurs manufactures, dont celle de porcelaine est la plus considérable.

Le département de la Haute-Vienne est formé de la partie occidentale du Limousin, de la partie du Sud-Est du Poitou et d'une partie de la Marche.

La Marche était bornée au Nord, par le Berri; à l'Orient, par le Bourbonnais et l'Auvergne; au Midi par le Limousin; et à l'Occident, par l'Angoumois et le Poitou. Elle était divisée en haute et basse. Gueret était la capitale de la première; le Dorat de la dernière

ARTICLE IX.

Le Département de la Creuse.

Il est entouré des départemens de la Corrèze, du

Puy-de-Dôme: de l'Allier, de l'Indre, et de la Haute-Vienne.

Ce département, n'est pas très-fertile en grains, on n'y récolte que du seigle, du sarrazin et de l'avoine, et en petite quantité; mais on y élève quantité de bestiaux, qui en font la richesse, beaucoup de chevaux, sur-tout. On y trouve du charbon de terre et des mines de fer: on y fabrique du sel.

La Creuse a sa source dans la partie méridionale de ce département, qui lui doit son nom, au pied d'un rocher qui le sépare de celui de la Corrèze. Elle traverse par le milieu, du Sud-Est au Nord-Ouest le département de son nom, et la partie du Sud-Ouest de celui de l'Indre; puis se perd dans la Vienne à droite, au-dessous de Châtelrault.

La Creuse reçoit à droite la petite Creuse, qui coule dans la partie septentrionale de ce département où elle arrose Boussac.

La Creuse passe par Aubusson, à Ahun, à la Celle-Dunoise, à Argenton, arrose le Blanc, la Roche-Posay et la Guerche.

La Gartempe arrose la partie du Nord-Ouest de ce département.

La Taurion, qui y prend naissance, en arrose la partie du Sud-Ouest, baigne Ponthaurion et Bourganeuf, traverse une partie du département de la

Haute - Vienne, et se décharge dans la Vienne, au-dessous de Limoge.

Le Cher baigne la partie orientale de ce département, et reçoit assez près de sa source une petite rivière qui se nomme les *Tardes*.

La Souterraine, sur une très-petite rivière qui se perd dans la Creuse à gauche ; Jarnage, près celle-ci ; Boussac, sur la petite Creuse ; Gouzon, près du Cher, n'ont rien de remarquable.

Guéret, sur la Creuse, chef-lieu. Cette commune est située entre deux montagnes : les maisons sont bien bâties et le commerce que font les habitans, consiste en bestiaux.

Evaux, Chambon, sur le Cher, Bellegarde, Auzance près de cette rivière, Ahun, Aubusson ; Felletin, sur la Creuse ; Bourganeuf, Bénévent, sur la Gartempe, sont pour la plupart de très-petites communes qui n'offrent rien de remarquable. Aubusson et Felletin sont remarquables pour les tapisseries qu'on y fabrique.

Le département de la Creuse embrasse la partie occidentale du Bourbonnais, une partie de la Marche, la partie septentrionale de l'Auvergne et une partie du Berri.

ARTICLE X.

Le Département de l'Allier.

Il est située entre les départemens du Puy-de-

Dôme, de la Loire, de Saône-et-Loire, de la Nyévre, du Cher et de la Corrèze.

Ce département produit des grains, du vin, du bois, du lin, du chanvre. Il abonde en pâturages excellens où l'on engraisse des bœufs: on y élève des porcs et quantité de bestiaux, il y a des mines de charbon de terre et de fer, des eaux minérales, des forges, des fourneaux.

L'allier partage ce département en deux parties, dont celle qui est à la gauche de cette rivière est la plus étendue. Le Cher en arrose la partie occidentale.

La Bèbre baigne la partie orientale. Elle sort de la chaîne de rochers qui sépare le département du Puy-de-Dôme de celui de la Loire, et se perd dans le fleuve de ce nom, à peu de distance de Bourbon-Lancy. La Bebre reçoit à droite le *Barbiant*, petite rivière qui sort du même rocher.

Cérilly, Bourbon l'Archambaud (aujourd'hui *Burges-les-Bains*, la Veudre, Ainay-le-Château, Hérisson petites communes à la gauche de l'Allier, qui n'ont rien de remarquable.

Moulins, sur l'Allier, chef-lieu. C'est une commune considérable. Les rues sont larges et belles, et les maisons bien bâties : elle est située dans une grande plaine agréable et fertile : son principal commerce consiste en coutellerie, qui s'y fabrique.

Mont-Luçon, Neris et Mont-Maraud, aux environs du Cher, vers sa source, petites communes. La dernière est située sur une petite montagne entourée d'excellens pâturages où l'on engraisse quantité de bestiaux. Le pays des environs de Mont-Luçon est abondant en grains et en pâturages.

Jalligny, sur la Bebre; le Donjon, près la Loire, Souvigny près le même fleuve; Varennes, Cusset, Vichy, à la droite de l'Allier; Gannat, sur la *Sioule*, petite rivière qui se perd dans ce fleuve à gauche, Ebreuil, au Nord-Ouest de Gannat, Saint-Pourçain sur la *Gouble*, autre petite rivière qui se perd dans la Sioule, ne sont pas en général des communes considérables à Cusset. Les eaux minérales de Vichy sont renommées. Gannat est situé dans un pays abondant en fruits et en grains, et où l'on trouve de bons pâturages.

Le département de l'Allier est formé de la partie du Sud-Est du Bourbonnais, de la partie du Nord-Est du Lyonnais, de la partie du Sud-Est du Berri, et de la partie du Sud-Ouest du Nivernais.

A R T I C L E   X I.

Le Département du Puy-de-Dôme.

Il est entouré des départemens du Cantal, de la Haute-Loire, de la Loire, de l'Allier, de la Creuse et de la Corrèze.

Ce département, quoique rempli de montagnes, ne laisse pas d'être très-fertile en plusieurs endroits. On y récolte du bled, du vin connu sous le nom de vin d'Auvergne, des fruits, beaucoup de pommes et de poires entr'autres, dont on fait un grand commerce et que l'on vend pour Paris, du chanvre, du lin: on y fait des fromages, de l'huile, de l'eau-de-vie, du papier: on y élève des chevaux et des mulets: il y a des mines de charbon de terre et de fer: on y prépare de l'antimoine et du foie d'antimoine (1).

Le Puy-de-Dôme, dont ce département tire sa dénomination, est une des plus hautes monagnes qui s'y trouvent. Il est situé à un demi-myriamètre de Clermont. Cette montagne est remarquable par les expériences qu'on y a faites, à différentes fois, sur la pésanteur de l'air.

Le Mont-d'Or, où l'on trouve des eaux minérales, est situé dans la partie méridionale de ce département. C'est une montagne très-élevée, et que l'on apperçoit de très-loin.

---

(1) L'Antimoine est un métal casssant, dont la couleur ressemble à celle du fer nouvellement cassé. Ce métal s'emploie en médecine ; on le mêle aussi avec le plomb, dans la composition des caractères d'Imprimerie.

Le foie d'Antimoine est une combinaison de souffre et d'Antimoine, dans un état propre à être employé en médecine.

La Loire partage ce département en deux parties inégales, dont celle qui est à la gauche de ce fleuve, est la plus étendue.

La Sioule, qui a sa source au pied du Mont-d'Or, arrose la partie du Nord-Ouest de ce département. La Dore en arrose la partie orientale.

La Dore a sa source à l'Orient de la Chaise-Dieu, dans le département de la Haute-Loire, baigne Marsal, Ambert, Olliergue, Courtpierre, et Puy-Guillaume dans celui du Puy-de-Dôme, et se perd dans l'Allier à droite.

Montaigu, près du Cher, est une petite commune remarquable par ses fabriques d'armes à feu.

Riom, à la gauche de l'Allier, est une commune considérable, située dans une plaine très-fertile: les rues y sont larges et bien allignées; et les maisons bien bâties, annoncent la richesse des habitans. On y fabrique des toiles de coton, de la chandelle, de la pâte d'abricots, du foie d'antimoine.

Aigueperse, Effiat, près la Sioule, n'ont rien de remarquable.

Thiers, à la droite de la Dore, est une commune considérable et bien peuplée: elle fait un grand commerce de clincaillerie, de coutellerie, de papier, de fil, de rubans.

Olliergue, Courtpierre, Châteldon, Maringues, Lezoux, communes peu considérables.

Clermont, à la gauche de l'Allier, chef-lieu. Cette commune est grande et peuplée. Son territoire est couvert de vignes, et est rempli de belles prairies. On y fabrique des étoffes de laine, des rubans, des galons et des bas de soie.

Saint-Amand, Herment, Billom, Vic, Issoire, St-Germain-Lambron, Ardes, Sauxillanges, ne sont pas des communes bien considérables. Issoire, sur l'Allier, est situé dans un pays abondant en grains, en fruits, en pâturages. Sauxillanges est renommée pour ses fabriques d'étamines.

Ambert, sur la Dore, est une petite commune où l'on fabrique des camelots, du fort-en-diable, des lacets, des dés, des épingles, des jarretières, des rubans et du papier.

Saint-Germain-l'Hermite, Arlant et Besse n'ont rien de remarquable. Le Mont-d'Or est à l'Occident de Besse.

Le département du Puy-de-Dôme embrasse la basse Auvergne.

ARTICLE XII.

Le Département du Cantal.

Il est borné au Nord, par celui du Puy-de-Dôme; à l'Orient, par ceux de la Lozère et de la Haute-Loire;

au Midi, par celui de l'Aveiron ; à l'Occident par ceux de la Corrèze et du Lot.

On y récolte du seigle, de l'avoine, du vin, du chanvre, du lin, des poires, des pommes dont on fait du cidre, et dont on en vend beaucoup pour Paris : il y a beaucoup de pâturages où l'on élève des chevaux, des mulets et d'autre bétail : on y trouve des mines de charbon de terre et de fer : on y fait de la dentelle et des fromages.

Le Cantal, dont ce département tire sa dénomination, est une haute montagne qui en occupe le centre. Elle est d'une hauteur prodigieuse.

La Dordogne arrose la partie du Nord-Ouest de ce département, l'Alagnon celle du Nord-Est ; la Cère celle du Sud-Ouest ; la Trueyère baigne celle du Sud-Ouest.

L'Alagnon a sa source au pied du Cantal, au Sud-Ouest de Murat qu'il arrose, et se perd dans l'Allier au-dessous de Brioude.

La Cère a aussi la sienne auprès du Mont-d'Or, arrose Aurillac et se perd dans la Dordogne à gauche.

Mauriac et Salers, sur la *Glane*, petite rivière qui se perd dans la Dordogne, sont deux petites communes remarquables ; la première par le commerce de chevaux très-estimés, qui s'y fait ; la seconde par la quantité de fromages, qui se font dans les environs, et qui s'y vendent.

Murat

Murat et Allanche, petites communes, sur l'Alagon. Les habitans de Murat sont presque tous chaudronniers; on y fait beaucoup de dentelle.

Saint-Flour, près la Trueyère, chef-lieu. Cette commune, qui est située sur une montagne, fait un commerce considérable de bestiaux, de mulets entr'autres, et de coutellerie: on y fabrique de la colle-forte et de la verrerie: il y a aussi des tanneries.

Massiac et Chaudes-Aigues, petites communes; la première sur l'*Arouil* petite rivière qui se perd dans la Trueyère, la seconde près de celle-ci. Chaudes-Aigues est très-renommée pour ses eaux minérales qui bouillonnent toujours.

Aurillac, sur la Cère. Cette commune, qui est bien peuplée, est située dans une vallée fertile: il s'y fait un commerce considérable de bestiaux, de fromages et de dentelle.

Vic en Carladez, sur la Cère; Maurs, sur la Selle, petites communes.

Le département du Cantal embrasse la plus grande partie de la haute Auvergne.

CHAPITRE IV,

Les Départemens qui occupent la partie méridio-
nale de la France, entre la Garonne et les Pyré-
nées (1).

La Garonne prend sa source au *Val - d'Aran* dans
les Pyrénées. Elle traverse par le milieu le département de la Haute-Garonne, la partie méridionale de
celui du Lot-et-Garonne, et celui de la Gironde dans
toute son étendue, du Sud-Est au Nord-Ouest. Elle
passe à Muret, à Toulouse, à Agen, à la Réole, à
Cadillac, à Bordeaux, et se décharge dans l'Océan,
dix myriamètres au-dessous de cette dernière commune.

La Garonne, après sa jonction avec la Dordogne
au Bec d'Ambez, prend le nom de Gironde.

ARTICLE I.

Le Département de la Gironde.

Il est entouré du département des Landes, de ceux

---

(1) Nous y joindrons ceux, qui, situés à la droite de ce fleuve,
tirent leur nom des rivières qui s'y perdent, avec quelques — uns
qui en sont voisins.

du Lot-et-Garonne, de la Dordogne, de la Charente-Inférieure, et de l'Océan.

On y récolte des grains, des vins connus sous le nom de vins de Bordeaux; on y fait du sel, du mairain, des étoffes de laine, de l'eau-de-vie.

L'Ille arrose la partie du Nord-Est de ce département; l'Eyre celle du Sud-Ouest.

L'Ille sort d'une chaîne de rochers qui traverse la partie méridionale du département de la Haute-Vienne; elle traverse en entier le département de la Dordogne, et se décharge dans la rivière de ce nom à Libourne. Elle arrose Périgueux et Mucidan dans le département de la Dordogne, et Coutras dans celui de la Gironde.

Elle reçoit à droite, au-dessous de Coutras, la Dronne qui prend sa source sur les confins du département de la Haute-Vienne et de celui de la Dordogne. La Dronne arrose la partie orientale du dernier où elle baigne Riberac.

L'Eyre sort d'une autre chaîne de rochers, qui depuis les Pyrénées jusqu'à l'Océan s'étend en ligne courbe à travers les départemens des Hautes-Pyrénées, du Gers et des Landes; et se perd dans le bassin d'Arcachon.

Lesparre, petite commune entre la Gironde et la Mer, n'a rien de remarquable. Blaye, sur la rive droite de la même; Bourg sur la Dordogne, sont deux petites communes assez commerçantes. Le commerce de Bourg consiste en vins du pays, celui de Blaye en diverses marchandises.

Coutras sur l'Ille ; Libourne, au confluent de celle-ci et de la Dordogne ; St.-Emilion, près de la dernière ; Castillon, sur la Gironde ; Fronsac, près de cette rivière, ne sont pas des communes bien considérables.

Bordeaux sur la Garonne, chef-lieu du département, est une des communes les plus considérables de la République, des plus belles et des plus riches. Son commerce est immense. On y fabrique des aiguilles, des épingles, des étoffes de laine, de la fayence, du verre. Il y a des rafineries de sucre. Les vins des environs de Bordeaux sont un peu durs ; mais ils deviennent excellens étant transportés par mer ; il s'en fait un commerce considérable.

Cadillac, Rions et St.-Macaire, petites communes sur la Garonne. La Réole, sur la même, est une jolie commune où il se fait un commerce considérable de bled, de vin, et d'eau-de-vie. Langon sur la Garonne, Basas à sa gauche, sont deux petites communes qui n'offrent rien de curieux. La première est située dans une contrée abondante en vins qui ont beaucoup de réputation, et dont on fait un grand commerce.

Le Fort de Médoc est bâti sur la rive gauche de la Gironde, pour en défendre l'entrée. La tour de

Cordouan est bâtie sur un rocher situé dans la mer à l'embouchure de ce fleuve. Cette tour, dont la construction est très-belle, sert de phare aux vaisseaux. Un grand feu de charbon de terre allumé toutes les nuits dans une lanterne qui termine la tour, indique aux navigateurs l'entrée de la Gironde ; et les empêche de se perdre sur les bancs de sable qui sont à l'embouchure de ce grand fleuve.

Dans la partie occidentale de ce département, le long des côtes, sont les étangs de *Karcans*, de *Médcc* et de *la Kaneau*, qui se déchargent dans le bassin d'*Arcachon*, au moyen d'une petite rivière que l'on appelle la *rivière des Étangs*. Arcachon et la tête de Buch sont situées sur ce bassin.

Le département de la Gironde est formé de la Guyenne propre et du Basadois.

Le gouvernement de Guyenne, qui comprenait, comme nous l'avons dit, la Gascogne, était le plus étendu du royaume ; il était borné à l'Occident par l'Océan ; au Nord par la Saintonge et le Limousin ; à l'Orient par l'Auvergne et le Roussillon ; au Midi par les Pyrénées, le Béarn et la Basse Navarre. La Guyenne comprenait six petits pays ; la Guyenne propre ou le Bordelois, le Basadois, le Périgord, l'Agenois, le Querci et le Rouergue. Bordeaux était la capitale de la Guyenne propre ; Basas du Basadois ; Périgueux du Périgord ; Agen de l'Agénois ; Cahors du

Querci, qui se divisait en haut et bas ; Rhodez du Rouergue , qui comprenait la haute et basse Marche.

La Gascogne comprenait huit petits pays , les Landes, à l'Occident ; le Condomois , au Nord-Est; l'Armagnac, dans le milieu ; la Chalosse, et le pays des Basques au Sud-Ouest ; le Bigorre au Midi ; le Cominge et le Couserans , au Sud-Est.

Dax ou Acqs était la capitale des Landes ; Condom du Condomois ; Auch de l'Armagnac ; Mont-de-Marsan de la Chalosse. Le pays des Basques comprenait le Labour et la Vicomté de Soule ; Bayonne était la capitale du premier ; Mauléon de la dernière. Tarbes était la capitale du Bigorre ; St.-Bertrand du Cominge ; St.-Lizier et St.-Girons étaient les villes les plus considérables du Couserans.

ARTICLE II.

Le Département de la Dordogne.

Il est borné au Midi par le département du Lot-et-Garonne ; à l'Est par ceux du Lot et de la Corrèze ; au Nord par celui de la Haute-Vienne ; au Couchant par ceux de la Charente, de la Charente-Inférieure et de la Gironde.

Ce département produit des grains, du vin, des truffes, des prunes ; on y élève beaucoup de dindes et autres volailles ; on y distile de l'eau-de-vie ; il y a des mines de fer et de cuivre.

La Dordogne dont il emprunte son nom, prend sa source au pied du *Mont-d'Or* dans le département du Puy-de-Dôme, à l'Occident d'Issoire ; traverse, du Nord-Est au Sud-Ouest, une partie du département de la Corrèze, la partie septentrionale de celui du Lot, la partie méridionale de celui qui lui doit son nom et une partie de celui de la Gironde, arrose Argental, Martel et Bergerac.

Outre la Dronne et l'Ille on trouve encore dans ce département, le Bandiat et le Vezère. Le Bandiat a sa source au Nord-Est de Nontron qu'il arrose ; c'est une très-petite rivière, qui se perd dans la Charente à Angoulême.

Le Vezère sort des Montagnes de la ci-devant Auvergne : il arrose la partie occidentale du département de la Corrèse, la partie orientale de celui de la Dordogne, et se perd dans la rivière de même nom, au-dessus de Bergerac. Le Vezère se distingue en haut et bas ; le premier est la partie de cette rivière qui arrose le département de la Corrèse ; le second celui qui baigne le département de la Dordogne.

La Loue, qui arrose Exideuil, est encore une petite rivière de ce département. Elle se perd dans l'Ille à gauche.

Mucidan, petite commune, sur la rive gauche de l'Ille.

Périgueux, sur cette rivière, est le chef-lieu du département. On voit dans cette commune, qui est ancienne, les restes d'une tour antique, et d'un amphi-théâtre qui ressemblait assez à celui de Nîmes, et qui méritent l'attention des amateurs de l'antiquité. Cette tour et cet amphithéâtre étaient des ouvrages des Romains. Il se fait à Périgueux un grand commerce de perdrix, de poules et de dindes aux truffes.

Bourdeille; Brantôme, sur la Dronne ne sont pas considérables.

Mareuil, près de cette rivière ; Exideuil, sur la Loue; Thiviers, près de l'Ille ; Riberac, sur la Dronne, Ste.-Aulaye, sur la même; Nontron, vers le Nord, sur le Bandiat, n'offrent rien de remarquable.

Terrasson et Montignac, petites communes sur le Vezère.

Sarlat près de la Dordogne, Domme sur cette rivière, Belvez, près de la même; Montrazier, sur le Dropt; Ville-Franche, près l'Ille; la Linde, sur la Dordogne; Issingéau, près le Dropt; la Force sur la Dordogne, ne sont pour la plupart que de très - petites com-munes.

Bergerac, sur la Dordogne. Cette commune est riche et peuplée; il s'y fait un commerce assez considérable de vin, d'eau-de-vie, de fayence et de marchandises en cuivre; il y a des papeteries.

Le département de la Dordogne est formé d'une partie de la Généralité de Bordeaux et du Haut et Bas Périgord.

A R T I C L E I I I.

Le Département du Lot-et-Garonne.

Ce département, qui s'étend des deux côtés de la Garonne, est entouré des départemens du Gers, du Lot, de la Dordogne, de la Gironde et des Landes. Il produit du grain, du vin, des truffes, des marrons, des châtaignes, des prunes : on y distille de l'eau-de-vie : on y élève des bêtes à laine : il y a des mines de fer : on y trouve du liége.

Le Lot sort des montagnes du ci-devant Gévaudan, près de Mende, dans le département de la Lozère ; il traverse la partie septentrionale de celui de l'Aveiron, celui qui lui doit son nom en entier de l'Est à l'Ouest, et une partie de celui du Lot-et-Garonne ; puis se perd dans le fleuve de ce nom, au-dessous d'Agen. Il passe à Mende, à Cahors, à Villeneuve et à Montauban.

Les autres rivières de ce département sont le Dropt, la Lèze, la Baise et la Losse.

Le Dropt a sa source sur les confins de ce département et de celui du Lot, arrose la partie septentrionale du premier, baigne une petite partie de celui de la Gironde, et se perd dans la Garonne entre Cadillac et la Réole.

La Lèze (il y a une autre rivière de ce nom dans le département de l'Hérault), a sa source au Nord-Est de Montflanquin qu'elle arrose. Elle se perd dans le Lot à droite, au-dessous de Villeneuve d'Agénois.

La Baise sort de cette chaîne de montagnes qui traverse les départemens du Gers, des Hautes-Pyrénées et des Landes. Elle a sa source dans le département des Hautes-Pyrénées, coule presqu'en droite ligne du Sud au Nord, à travers celui du Gers, baigne la partie du Sud-Ouest de celui du Lot-et-Garonne, et se jette dans ce fleuve, un peu au-dessous de l'embouchure du Lot.

La Baise reçoit à gauche, au-dessous de Nérac, la Losse qui sort de la même chaîne de rochers, dans le département du Gers.

Lauzun, près le Dropt; Castillonez, sur cette rivière; Montflanquin, sur la Lèze; Villeneuve, sur le Lot; Valence, sur la rive droite de la Garonne; Auvillars, près ce fleuve, Castelsagrat, près le même, et Caude-Côte, petites communes. Villeneuve est dans une plaine agréable et fertile.

Agen, sur la Garonne, chef-lieu de ce département, est une commune ancienne, riche et située dans une position charmante, mais l'intérieur ne répond pas à sa situation. On y fabrique des toiles à voiles et des cordages.

Nérac, jolie commune, sur la Baise.

Layrac, sur la Garonne; la Plume, à la gauche de ce fleuve, entre Agen, et Nérac, ne sont pas considérables. La première est assez commerçante en bled et en vin.

Castel-Jaloux, à la gauche de la Garonne; Clairac,

sur ce fleuve ; Tonneins sur le même ; Aiguillon, sur le Lot, n'offrent rien d'intéressant.

Marmande sur la rive droite de la Garonne. On y fait un commerce considérable de bled, de vin et d'eau-de-vie.

Le département du Lot-et-Garonne embrasse l'Agénois et le Condomois.

ARTICLE IV.

Le Département du Lot.

Le département de la Haute-Garonne le borne au Midi, ceux du Tarn, de l'Aveiron, et du Cantal à l'Orient ; celui de la Corrèze au Nord, ceux de la Dordogne et du Lot-et-Garonne à l'Occident.

On y récolte des grains, du vin, des truffes, des fruits : on y fait de l'eau-de-vie et de l'huile de noix.

Ce département est partagé en deux parties presqu'égales par la rivière qui lui donne son nom. Il est arrosé par beaucoup d'autres, dont la plus considérable est la Seille.

Elle sort du département du Cantal, arrose Figeac dans celui du Lot et se perd dans la rivière de même nom, au-dessous de Cahors. Le Tarn en arrose une petite partie.

Moissac, sur cette dernière rivière, est une commune agréablement située, il s'y fait un grand commerce de vins.

Montauban, sur la même. Cette commune est agréablement située, belle, marchande et renommée pour ses *Cadix - d'Aignan*, et autres étoffes de laine.

Nécré-Plisse, sur le Céron, petite rivière qui se perd dans le Tarn; la Françoise sur cette rivière, Mirabel, Molières, près la même; Montpezat, Puy-la-Roque, Cailux, Caussade, Réaville et Montricoux, sur le Céron, petites communes.

Cahors, sur le Lot, chef-lieu. Cette commune est très-ancienne. Parmi quelques monumens antiques on remarque les ruines d'un amphithéâtre construit par les Romains. On fabrique des draps et des ratines dans cette commune.

Lauzerte, près le Tarn, au Sud - Ouest de Cahors. Cette commune est située dans une plaine abondante en grains, en vins et en fruits fort estimés. Les vins de Moncuq, au Nord - Est de Lauzerte, sont fort recherchés.

Gourdon, près la Dordogne, Martel, sur cette rivière, Souillac, Roquemadoure, St.-Céré, près la même; Figéac sur la Seille, ou *Cell*, et Cajarre, sur le Lot, n'offrent rien de curieux.

St.-Cirq, sur le Lot, Duravel, Puy-la-Garde, sur le même; Castelnau-de-Montratier, sur cette rivière, n'offrent rien de curieux.

Le département du Lot et formé du haut et du bas Querci.

A R T I C L E V.

Le Département de la Corrèze.

Il a au Midi le département du Lot; à l'Orient, ceux du Cantal et du Puy-de-Dôme; au Nord, celui de la Creuse; au Couchant, ceux de la Haute-Vienne et de la Dordogne.

On y récolte du bled, du vin, des châtaignes; il produit du bois; on y élève des bœufs, des porcs, des chevaux; il y a des mines de fer; on y exploite des ardoises.

La Corrèze, qui lui donne son nom, y prend sa source, et se perd dans le Vezère.

La Biège, petite rivière qui en arrose la partie orientale, sort des montagnes de la ci-devant Auvergne, et se perd dans la Dordogne, à gauche.

Brive-la-Gaillarde, sur la Corrèze, doit son nom à sa stiuation charmante dans une plaine belle et fertile. Le vallon au milieu duquel cette commune est bâtie, est borné par des côteaux couverts de vignes et de châtaigniers.

Alsac, Donzenac et Turenne, près le Vezère, petites communes.

Tulle, sur la Corrèze, chef-lieu, Cette commune

n'est pas fort ancienne. Le séjour de Tulle n'est pas agréable, cette commune étant située dans un pays environné de montagnes et de précipices. Argentat, sur la Dordogne n'est pas considérable. Ussel, sur la Biège n'a rien de remarquable.

Uzerche, sur le Vezère. Cette commune est située dans une position agréable ; les maisons y sont bien bâties, très-propres et couvertes d'ardoises. Lubersac, près la même rivière, petite commune.

Le département de la Corrèze est formé du bas Limousin. Cette province, avait au Nord la Marche et une partie de l'Auvergne : elle était encore bornée à l'Orient par cette dernière province ; au Midi par la même encore et par la Guyenne ; à l'Occident par l'Angoumois et le Périgord. Le Vezère partageait le Limousin en haut et bas : le haut était au Nord et à l'Occident de cette rivière, et le bas, au Midi et à l'Orient. Limoges était la capitale du premier, Tulle du second.

ARTICLE VI.

Le Département de l'Aveiron.

Il est borné au Midi par le département du Tarn et par celui de l'Hérault, à l'Orient par ceux du Gard et de la Lozère, au Nord par celui du Cantal ; à l'Occident par celui du Lot.

Ce département ne produit pas beaucoup de grains, mais il abonde en excellens pâturages où l'on élève quantité de bestiaux, beaucoup de mulets entr'autres, dont il se fait un grand commerce : on y récolte du chanvre : on y fabrique de petits draps et autres étoffes de laine : il y a des eaux minérales, des mines de fer et de cuivre.

L'Aveiron, qui lui donne son nom, y prend sa source au Nord-Est de Severac-le-Château, le traverse par le milieu de l'Est au Sud-Ouest, et la partie méridionale de celui du Lot ; arrose Rhodez et Villefranche, et se perd dans le Tarn à droite, au-dessous de Montauban. Le Tarn en arrose la partie du Sud-Est. On y trouve encore plusieurs autres rivières, dont les plus considérables sont :

La Sorgues : elle sort des montagnes des Cévennes ; baigne la partie du Sud-Est de ce département, et se perd dans le Tarn à gauche :

Le Viaur : il prend sa source, au Sud-Est de Rhodez ; baigne Sauveterre, et se rend dans l'Aveiron, au-dessus d'Antonin :

La Treuyère : elle sort aussi des montagnes des Cévennes, dans le département de la Lozère, traverse du Nord-Est au Sud-Ouest la partie septentrionale du département de l'Aveiron, et se perd dans le Lot à droite, à Entraigues.

Antonin, sur l'Aveiron, petite commune. Najac,

sur le même; Rieupeyrous sur cette rivière; ne sont pas des communes bien considérables.

Il se fait à Villefranche, sur l'Aveiron, un commerce considérables de toiles. Albin, près le Lot.

Entraigues, au confluent du Lot et de la Treuyère; Saint-Geniez, Espallion, Villecomtal, Estain sur la même rivière; la Guillole, sur la Treuyère, communes médiocres. Il se fait un grand commerce d'étoffes de laine à St.-Geniez. Murs de Barre, au Nord, près la Treuyère.

Rhodez, chef-lieu, sur l'Aveiron. C'est une commune ancienne assez bien située; son principal commerce consiste en toiles qu'on y fabrique. Sauveterre, au Sud-Ouest de Rhodez, sur le Viaur, petite commune.

Marcillac, Bouzols, près le Lot; Severac-le-Château, près l'Aveiron, n'ont rien de curieux.

Milhaud, sur le Tárn. Il se fait un commerce considérable de bestiaux dans cette commune qui est médiocrement grande. Compeyre, sur le Tarn, Nant, près de cette rivière; St.-Jean de Breuil sur la Dourbie, qui se perd dans le Tarn; St.-Afrique, sur la Sorgues; Vabres, sur la Dourdan; Pont de Camarez, près la Sorgue; Belmont, sur cette rivière; Ste.-Rome de Tarn, sur le Tarn, petites communes. Il y a près de Pont de Camarez des eaux minérales qui jouissent d'une grande réputation.

Le

Le département de l'Aveiron est formé d'une partie de la Haute Guyenne.

ARTICLE VII.

Le Département du Tarn.

Il est entouré des départemens de l'Aude, de l'Hérault, de l'Aveiron, du Lot et de la Haute-Garonne. On y récolte des grains, du vin, du lin, du chanvre, du pastel, du safran, de l'anis, de la coriandre, du miel : on y élève des bêtes à laine : on y trouve des mines de turquoises peu inférieures à celles qui viennent du Levant.

Le Tarn sort du *Mont-de-Lozère*, dans les Cévennes, sur les confins du département de la Lozère, et de celui du Gard, entre Villefort et Florac, traverse la partie méridionale du département de la Lozère, la partie septentrionale de celui qui lui doit son nom, arrose Milhaud, Alby et Gaillac où il commence à être navigable. Il se décharge dans la Garonne, au-dessous de Moissac.

L'Agout en arrose la partie méridionale. Il sort des Montagnes des Cévennes, passe à Saint-Pol et à Lavaur, et se décharge dans le Tarn, au-dessous d'Alby.

La Caune, près l'Agout ; St.-Gervais, près l'Orbe, petites communes.

L

Castrès, chef-lieu sur l'Agout. Cette commune, qui est assez bien bâtie, est située dans une vallée agréable, son principal commerce consiste en étoffes de laine, qui s'y fabriquent.

Lauterec, près l'Agout; la Brugnières, près le Tarn; Mazamet, sur l'Agout, Hautpou, sur le même, petites communes.

Alby, sur le Tarn. Cette commune est ancienne et considérable : son principal commerce consiste en bougies, en étoffes de laine, spécialement en futaines.

Monesties, sur le *Céron*, qui arrose la partie septentrionale de ce département, et qui se perd dans le Tarn au-dessous de Montauban; Pampelone, sur le Viaur; Valence, près l'Aveiron; Villefranche, près l'*Adour*, qui se perd dans la Tarn, à gauche, au-dessous de Rabasteins; Dénat, sur la même rivière, Réalmont sur la même. Toutes ces communes ne sont pas considérables.

Lavaur, sur l'Agout, est une commune médiocrement grande, située dans une vallée fertile en toutes sortes de grains. Briatexte, Graulhet, sur la même rivière; Puylaurens à quelque distance, de la même, petites communes.

Gaillac, sur le Tarn. Cette commune est très-ancienne, il s'y fait un grand commerce de vin de son territoire, qu'on transporte à Bordeaux par le Tarn.

Castelnau de Montmirail, sur le Tarn, Cahuzac près le même; Cordes, sur le Céron; Henne sur le Viaur; Puyceluy, près le Tarn, Rabastenis, sur cette rivière, n'offrent rien de remarquable. Rabastenis est entouré de vignobles, qui donnent ordinairement du vin en abondance.

Le département du Tarn est formé d'une partie du Haut Languedoc. (Voyez cette province à l'article du département du Gard).

ARTICLE VIII.

Le Département de l'Hérault.

Il est situé entre le département du Tarn, celui de l'Aude, la Méditerranée, les départemens du Gard, de la Lozère et de l'Aveirou.

On y récolte du grain, du vin, des olives, des citrons, des figues, des amandes, des noisettes, des châtaignes, des fruits secs : on y fait de l'eau-de-vie, de l'esprit de vin, de l'huile, de la soude : il y a des mines de fer; on y élève des bêtes à laine, des bestiaux.

L'Hérault a sa source dans une montagne qui, au Nord-Ouest borne le département du Gard; il traverse la partie occidentale de ce département, celui qui lui doit son nom en entier, et presqu'en droite ligne du Nord au Sud ; puis va se perdre dans le Golfe de Lyon, après avoir arrosé Pésenas.

L'Orbe arrose la partie occidentale de ce département. Elle sort des montagnes des Cévennes, arrose Beziers, et se décharge aussi dans le golfe de Lyon.

St.-Pons, à la droite de l'Orbe. Les draps qu'on y fabrique et le commerce des bestiaux y attirent un peu d'argent.

Beziers, sur l'Orbe. Cette commune est située dans une contrée délicieuse. Elle est très-ancienne, et était considérable du tems des Romains. On y fabrique des gants de peau et du parchemin. Elle est environnée de plusieurs communes, parmi lesquelles il y en a deux qui sont très-anciennes : Agde, au Sud-Est et Pésenas, au Nord-Est : elles sont l'une et l'autre bien peuplées. Elles sont toutes les deux sur l'Hérault.

Montpellier, le chef-lieu du département, est une grande commune agréablement située sur le penchant d'une colline, au pied de laquelle coule la petite rivière de *Leze*, qui se perd dans la Mer. Elle est célèbre par son école de Médecine ; on y fabrique des cotonnades, des indiennes, des cuirs, des gants de peau, des étoffes de laine, de la soirie, des huiles d'olives.

Frontignan, sur le golfe de Lyon, au Sud-Ouest de Montpellier, est renommé pour ses vins muscats.

Lunel, et Lunel-Vieil, sur la Vidourle, petite rivière qui se perd dans le golfe de Lyon. Ces deux communes qui sont à très-peu de distance l'une de l'autre, sont renommées pour leurs vins muscats, connus sous le nom de vins de Lunel.

Lodève, sur la Lergue, petite rivière qui se perd dans l'Hérault à droite, est une commune commerçante et riche. Elle a des manufactures considérables de draps, ainsi que Clermont de l'Hérault, ci-devant *Clermont de Lodève*, sur la même rivière. Aniane, Gignac et Saint-André de Sancoins petites communes à peu de distance de l'Hérault.

Le département de l'Hérault est formé de la partie méridionale du Languedoc.

A R T I C L E   I X.

Le Département de l'Aude.

Le département des Pyrénées-Orientales le borne au Midi; la Méditerranée et le département de l'Hérault à l'Est; celui du Tarn au Nord; ceux de la Haute-Garonne et de l'Arriége à l'Occident.

On recueille du vin et du grain, dans ce département; on y fait un grand commerce d'eau-de-vie; on y élève des bêtes à laine; il y a des mines de fer.

L'Aude sort des Pyrénées-Orientales, près de Mont-Libre, traverse le département qui lui doit son nom

L 3

presqu'en droite ligne du Midi au Nord jusqu'à Carcassonne ; puis de l'Ouest au Sud-Est. Elle arrose Quillain, Limoux, Carcassonne, Narbonne, et se perd dans le golfe de Lyon, après s'être partagée en deux bras avant que d'arriver à Narbonne.

La Fresquel en arrose la partie septentrionale. Elle sort d'une montagne située sur les frontières du département du Tarn, arrose Castelnaudary, et se jette dans l'Aude, un peu au-dessus de Carcassonne.

Le Canal National, (ci-devant de Languedoc), traverse ce département par le milieu, et une partie de celui du Gers. Il s'étend depuis la méditerranée jusqu'à Toulouse, et fait la communication de cette mer avec l'Océan, au moyen de la Garonne, dans une espace de vingt-deux myriamètres et demi. Le célèbre Riquet, auteur de ce projet était de Beziers ; il fallut couper des montagnes, amener l'eau avec des dépenses considérables à Castelnaudary, où sont les principaux réservoirs.

Castelnaudary, sur la Fresquel, Villepinte, près de cette rivière, St.-Papoul, sur la même ; Fangeaux et Bellepêche, sur le Lerts, petites communes.

Carcassonne, sur l'Aude, chef-lieu du département. Cette commune est célèbre par ses manufactures de draps fins, et d'autres étoffes de laine qu'on envoye au Levant.

Azille, près la Fresquel ; Cannes, sur la Méditerranée; Soissac, Montolieu, près l'Aude, petites communes qui n'offrent rien de remarquable.

Limoux, sur l'Aude. Cette commune, qui est très-commerçante, est située dans une contrée fort fertile en bons vins; il s'y fait des draps et des ratines, et cette commune est l'entrepôt du fer de toutes les forges des environs. La Grasse, au Nord - Est de Limoux, près l'Aude.

Alot, sur l'Aude; Chalabre sur le *Lerts*, petite rivière qui se perd dans l'Arriége, Belesta, sur cette rivière, et Quillain près la même, petites communes. Belesta est connue à cause de la Fontaine de *Fontestorbe* qui se trouve dans son territoire. Cette fontaine a cela de singulier que pendant l'été et l'automne et même dans les autres saisons, pourvu que le tems ait été sec pendant plusieurs jours, elle a une espèce de flux et reflux à chaque heure du jour. C'est en quelque sorte une horloge naturelle.

Sigean, sur le golfe de Lyon, petite commune renommée pour les fameuses salines qui se trouvent aux environs. Leucate commune ancienne, autrefois fortifiée, sur un étang qui porte son nom.

Narbonne, entre l'Aude et la Mer. Cette commune est fort ancienne, mais petite, mal propre, mal bâtie et peu peuplée. Elle était autrefois très-importante, et plus considérable qu'elle ne l'est aujourd'hui. Les Romains en avaient fait une colonie qui donnait le nom de *Gaule Narbonnaise* à la quatrième partie des Gaules qui leur fut d'abord soumise ; ils y avaient fait construire les mêmes édifices qu'à Rome : un capitole, un amphithéâtre, des cirques, etc. on n'en voit plus que quelques débris. Narbonne est très-renommée pour son excellent miel.

Le département de l'Aude embrasse la partie du Languedoc qui s'avançait davantage vers le Sud.

ARTICLE X.

Le Département des Pyrénées-Orientales.

Les Pyrénées le bornent au Midi ; la Méditerranée à l'Orient ; le département de l'Aude au Nord ; celui de l'Arriège à l'Ouest.

Ce département produit des citrons, des figues, des amandes, des oranges, des raisins secs, des capres, des olives : on y récolte des grains, des vins connus sous le nom de vins de Roussillon, de la soie : on y recueille du miel : on y élève des bêtes à laines et à cornes et des mulets : on y trouve du cuivre et du vitriol : on y fait de l'eau-de-vie, de la soude et de l'huile : les pâturages y sont abondans.

Les Pyrénées forment une longue chaîne de hautes montagnes qui s'étendent du Sud-Est au Nord-Ouest entre la France et l'Espagne, depuis la Méditerranée jusqu'à l'Océan. Elles se partagent en une infinité de branches, principalement du côté de l'Espagne. Elles sont presque partout, comme les Alpes, d'un très-difficile accès. Elles sont entrecoupées par un grand nombre de vallées, la plupart très-fertiles, où l'on élève beaucoup de bestiaux : quelques unes ont de bons vignobles, qui produisent d'excellens vins.

Le Pyrénées se divisent en orientales, hautes et basses : les orientales vers la Méditerranée ; les basses à l'Ouest sur les bords de l'Océan : les hautes entre celles-ci. Les Pyrénées donnent leur nom à trois départemens.

Le Gly, le Tet et le Tech traversent le département des Pyrénées-Orientales d'une extrémité à l'autre de l'Ouest à l'Est. La première de ces rivières a sa source sur les confins du département de l'Aude : les deux autres sortent des Pyrénées. Elles se perdent toutes trois dans la Méditerranée.

Les victoires que l'armée des Pyrénées-Orientales remporta dans le courant de l'an 2 sur les Espagnols, celles qu'elle continua de remporter dans les campagnes suivantes, rendront ce département qui fut tant de fois le théâtre de ses triomphes, à jamais célèbre. Si l'ennemi obtint quelque succès au commencement de la première campagne, il ne les dut qu'à la trahison, qui lui livra toutes les places fortes et tous les ports de ce département. Mais l'armée des Pyrénées-Orientales, une fois purgée des traîtres qui enchaînaient son courage et sa valeur, ne cessa de marcher de triomphes en triomphes. Elle ouvrit la campagne en reprenant le Fort-St.-Elme (aujourd'hui le *Fort-du-Rocher*), Collioure et Port-Vendre (aujourd'hui le *Port-de-la-Victoire*), qui avaient été vendus aux cerfs de Castille.

Le jour où sept mille Espagnols mirent bas les armes devant les Républicains, fera époque dans les Annales de la Révolution.

L'obélisque élevé à Bagnouls, attestera à la postérité, le courage, la valeur, et l'intrépidité des braves qui avaient juré de faire triompher la cause de la Liberté, ou de périr en la défendant.

On a gravé sur cet obélisque l'inscription suivante :

Ici sept mille Espagnols posèrent les armes
devant les Républicains, et rendirent
à la valeur ce qu'ils tenaient
de la trahison.

Perpignan, sur le Tet, est le chef-lien de ce departement. Cette commune est bâtie dans une belle plaine ; mais l'intérieur ne répond pas à sa situation. Elle est forte et considérable. La Citadelle est bien fortifiée. On fait un commerce considérable d'huile d'olive dans cette commune.

Rivesaltes, sur le Gly, au Nord de Perpignan. Cette commune est renommée pour ses excellens vins muscats.

Elne, sur le Tet; Millas, sur le Tech; Salus près le golfe de Lyon; St.-Paul-de-Fenouillède sur le Gly; Collioure, sur la Méditerranée; Port de la Victoire, sur la même mer; Argelles, sur ses bords; Arles, Prats-de-Mollo, sur le Tech, ne sont pas des communes bien considérables.

Bellegarde, Forteresse située sur une montagne d'un difficile accès, sur les frontières d'Espagne.

Mont-Libre (ci-devant *Mont-Louis*), sur le Tet, est une petite commune; mais les rues sont régulières, bien percées et tirées, au cordeau.

Prades, près du Tet; cette commune est bâtie dans une belle plaine. Rien de plus agréable que sa situation. Ille, jolie petite commune, au Nord-Est de Prades, sur la même rivière, ainsi qu'Olette, qui n'est pas beaucoup plus considérable.

Le département des Pyrénées-Orientales est formé d'une partie du Languedoc et d'une partie du Roussillon.

Le Roussillon, dont Perpignan était la capitale, était bornée au Nord par le Languedoc, à l'Orient par la Méditerranée; au Midi, par les Pyrénées; à l'Occident par le Gouvernement de Foix.

A R T I C L E   X I.

Le Département de l'Arriége.

Il est borné au Midi par les Pyrénées; à l'Orient,

par le département des Pyrénées - Orientales et par celui de l'Aude, au Nord et à l'Occident par celui de la Haute-Garonne.

Le terroir de ce département n'est guères fertile en grains : on y exploite des mines de fer : on y élève des bêtes à laine et à cornes et des mulets : on y recueille du miel.

L'Arriége sort des Pyrénées, à deux myriamètres de Mont-Libre, sur les confins du département des Pyrénées Orientales et de celui auquel elle donne son nom, traverse le dernier par le milieu, du Sud-Est au Nord - Ouest, et une partie de celui de la Haute-Garonne, passe à Tarascon, à Foix et à Pamiers ; puis se perd dans la Garonne, entre Muret et Toulouse.

La Salat et la Roze sont deux rivières de ce département. Elles sortent l'une et l'autre des Pyrénées, et se perdent toutes deux dans la Garonne : la première arrose St.-Girons et St-Lizier : l'autre arrose Rieux dans celui de la Haute-Garonne.

Mazères, Saverdun, sur l'Ariége, Pamiers, sur la même ; le Carlat, et Maz - d'Azille, près du Lerts, petites, mais jolies communes agréablement situées.

Mirepoix, sur le Lerts. Cette commune est située dans un pays mêlé de montagnes et de plaines ; quoique le sol soit en général peu fertile, on y trouve néanmoins de bons pâturages où l'on élève beaucoup de bestiaux.

Foix , Tarascon , Ax , sur l'Arriége ; Andore , petites communes. Ax a des bains chauds qui la rendent célèbre. Foix l'est pour les marchandises en cuivre qui s'y fabriquent. Andorre donne son nom à une vallée qui est remarquable pour sa fertilité.

Saint-Lizier et Saint-Girons ne sont pas des communes bien considérables. Il se tient dans la dernière des foires assez considérables, qui lui donnent quelque célébrité.

Tarascon est le chef-lieu de ce département. Il embrasse le Gouvernement de Foix, une partie du Languedoc, et la partie du Sud-Est de la Gascogne.

Le Gouvernement de Foix avait à l'Orient et au Nord le Roussillon et le Languedoc ; les Pyrénées au Midi ; la Gascogne à l'Occident. Foix en était la capitale.

ARTICLE XII.

Le Département de la Haute-Garonne.

Sa plus grande étendue est du Sud au Nord : il est située entre les Pyrénées , les départemens de l'Arriége, de l'Aude, du Tarn, du Lot, du Gers et des Hautes-Pyrénées.

On y récolte du froment, du seigle , de l'avoine,

du vin, il y a des vers-à-soie, des mines de fer, des carrières de marbre : on y élève des mulets et des bêtes à laine.

La Save arrose la partie du Nord - Ouest de ce département. Elle sort de celui des Hautes-Pyrénées, arrose la partie du Sud-Est de celui du Gers, et se perd dans la Garonne, au - dessous de Grenade ; elle passe à Lombez dans le département du Gers, et forme une petite île, où est située l'Isle - en - Jourdain.

Le Gimont arrose une partie de ce département ; il a sa source à peu de distance de celle de la Save, traverse aussi une partie du département du Gers, arrose Beaumont de Lomagne dans celui de la Haute Garonne, et se perd dans ce fleuve au-dessus de Valence.

Bagnères de Luchon, Saint-Béat, près la Garonne ; Salies, sur la Salat ; Valentine, sur la Garonne, Montrejean, près la même, petites communes. Celle de Bagnères est renommée pour ses eaux minérales.

Saint - Gaudens, sur la Garonne, est située dans une contrée peu fertile en grains. St.-Martory, sur la Garonne ; l'Ile en Dodon, sur la Save, petites communes.

Cazères, sur la Garonne ; Montbrun, sur la Salat, Montesquiou de Volvestre, sur la Roz, Rieux, sur la même ; Martres, sur la Garonne ; Saint-Julien, sur ce fleuve ; Fousseret, près le même ; St. Sulpice-de Lezard, Rieume, Auterive, près la Save ; Muret, sur la Garonne, sont des communes médiocres qui n'offrent rien de remarquable.

Villefranche de Lauraguais, près du Canal national. Il se fait peu de commerce dans cette commune, mais les terres des environs sont bien cultivées.

Montesquiou, sur le petit Lerts, Montgiscar, sur le même, très-petites communes.

Revel, près la Fresquel ; Saint-Julien de Grascapou, près le petit Lerts ; Auriac, près l'Agout ; Caraman, près du Girou, communes peu considérables.

Toulouse, sur la Garonne, est le chef-lieu du département. C'est une grande commune, mais elle n'est pas très-belle : les rues sont mal percées : les maisons sont bâties pour la plupart en briques. Les sciences et les arts ont toujours été cultivés à Toulouse : ses écoles furent célèbres dans tous les tems. On y fabrique des huiles d'olives et des étoffes de laine.

Montastruc, près la Garonne ; Buzet, près le Girou ; Villemur, sur le Tarn ; Castelnau, près le Girou ; Grenade, Verdun, sur la Garonne ; Beaumont-de-

Lomagne, sur le Gimont ; Cartelsarrazin, sur la Garonne, Montech près la même n'ont rien qui soit digne de remarque.

Le département de la Haute-Garonne est formé de la partie du Sud-Ouest du Languedoc, d'une partie de la Gascogne, et d'une partie du Nébousan dont Saint-Gaudens était la capitale.

ARTICLE XIII,

Le Département du Gers.

Il est borné au Midi par le département des Hautes-Pyrénées ; à l'Orient par celui de la Haute-Garonne ; au Nord par celui de Lot-et-Garonne ; à l'Occident par celui des Landes.

On y élève des bêtes à cornes ; on y fait commerce de plumes et de duvet : on y recueille du miel : il y a des mines de fer.

Le Gers, qui lui donne son nom, sort du département des Hautes-Pyrénées, traverse du Midi au Nord celui qui en tire sa dénomination, une partie de celui du Lot-et-Garonne, passe à Auch et à Lectour, et se perd dans la Garrone, au-dessus d'Agen.

L'Adour en arrose la partie du Sud-Ouest. C'est une rivière considérable, qui prend sa source au pied des montagnes du ci-devant Bigorre, dans la partie méridionale du département des Hautes - Pyrénées qu'elle qu'elle traverse par le milieu du Midi au Nord-Ouest. Elle arrose encore la partie orientale de celui des Landes; puis va se perdre dans l'Océan, entre Saint-Jean de Luz et le Cap Breton. L'adour arrose Bagnères, Tarbes et Vic de Bigorre dans le département des Hautes-Pyrénées, Aire, Saint-Sever et Dax dans celui des Landes, et Bayonne dans celui des Basses-Pyrénées.

Mirande, sur la Baise; Beaumarchez, sur la *Bouce*, petites communes. Il se fait un grand commerce de plumes à Mirande.

Lombez, l'île en Jourdain, sur la Save, Cologne près de cette rivière, ne sont pas considérables. Lombez est située dans un pays agréable et fertile.

Auch, sur le Gers, chef-lieu du département, est une commune très-ancienne : on y fabrique des chapeaux.

Lectour, sur le Gers. Cette commune qui est bâtie sur une montagne au pied de laquelle coule cette rivière, est ancienne et forte. Miradoux, près du Gers; Lavit de Lomagne, près la Garonne; Fleurence, sur le Gers; Montfort, sur les *Ralts*; Mausevin, n'offrent rien de curieux.

Condom, sur la Baise; Gondrin, près la Losse; Éause, sur la Gelise; Nogaro, sur la *Midoure*, qui se perd dans l'Adour à droite; Barcelonne, sur l'Adour, Riscle sur le même; Aignan, sur le Gers; Plaisance

sur la *Bouce*, petite rivière qui se perd dans l'Adour,
à droite.

Le département du Gers est formé d'une partie de
la Généralité de Bordeaux et de l'Armagnac.

ARTICLE XIV.

Le Département des Hautes-Pyrénées.

Il a les Pyrénées au Midi; le département de la
Haute-Garonne à l'Orient; celui du Gers au Nord;
celui des Basses-Pyrénées au Couchant.

On y élève des bêtes à cornes et à laine, des mulets,
des chevaux très-estimés; il y a des mines de fer, des
eaux minérales, des carrières de marbre rouge, blanc
et verd; on y recueille du miel; le beure de la vallée de
Campan est tres-renommé.

La Gave de Pau, qui arrose la partie du Sud-Ouest
de ce département, sort des Pyrénées; y arrose Argelles;
passe à Pau, près de Lescar et à Orthez dans celui des
Basses-Pyrénées, et se jette dans l'Adour, à gauche
au-dessous de Dax. La Gave de Pau reçoit la Gave
d'Oleron, dont nous parlerons dans l'article suivant.

Barèges-les-Bains, près la Gave de Pau, et Cán-
teres-les-Bains. Ces deux communes sont très-renommées, la première à cause de ses eaux salutaires; la
seconde pour ses eaux minérales. Saint-Pé, et Lourde
sur la Gave de Pau, petites communes.

Bagnères en Bigorre, sur l'Adour. Cette commune était renommée du tems des Romains à cause de ses eaux minérales et l'est encore aujourd'hui. C'était dans cette commune qu'un grand nombre de malades imaginaires allaient autrefois tous les ans, dans la belle saison, chercher le remede à des maux qu'ils n'avaient pas. Le plaisir plutôt que les infirmités, y attirait la plupart de ceux qui s'y rendaient pour prendre les eaux, mais le séjour qu'ils y faisaient enrichissait les habitans.

Arreau, Sarancolin, la Barthe de Neste, sur la *Neste*, qui se perd dans l'Adour; Mauleon, sur le Gers, vers sa source; Castelnau de Magnoac sur le même, petites communes. Près de Sarancolin sont des carrières de marbre très-considérables.

Tarbes, sur l'Adour. Cette commune, qui est située dans une position heureuse, est assez peuplée, les rues en sont longues et larges, les maisons bien bâties.

Trie, sur la Baise; Vic de Bigorre, sur l'Adour, Rabastain, sur le Tarn; Montbourguer, n'offrent rien de curieux.

Le département des Hautes-Pyrénées est formé d'une partie du Bigorre et du Nébouzan, des quatre vallées, et de la partie du Sud-Est de la Gascogne. Le Nébouzan était enclavé dans le Cominge, et avait pour capitale Saint-Gaudens: ce petit pays avait ses États particuliers, il s'étendait aussi dans l'Armagnac.

M 2

Le Département des Basses-Pyrénées.

Ce département qu'on appelle quelquefois le département des Pyrénées-Occidentale, est entouré des Pyrénées, de l'Océan, du département des Hautes-Pyrénées et de celui des Landes. Il est plein de montagnes : on trouve dans les vallées dont elles sont entrecoupées d'excellens pâturages où l'on élève des chevaux tres-estimées, et beaucoup d'autre bétail de toute espèce : on y recueille du miel et du tabac; il produit du vin et du bois ; il y a des salines.

Ce fut du département des Pyrénées-occidentales que l'armée qui portait ce nom, partit dans le courant de thermidor, an 2, pour passer en Espagne. Elle eut à vaincre tous les obstacles réunis de l'art et de la nature. Il lui fallut franchir une infinité de rochers escarpés et du plus difficile accès, et gravir des montagnes extrêmement rapides, et remplies de précipices aussi affreux que profonds, ayant jusqu'à leur base des retranchemens qui se défendaient mutuellement, sur leurs sommités des redoutes terribles, inexpugnables pour tous autres que des soldats républicains. A mesure que cette brave armée avança dans la fameuse vallée de Bastan, elle rencontra à chaque pas de nouveaux obstacles, qui ne l'arrètèrent pas plus long-tems que les premiers.

L'Espagnol avait employé une année entière à construire sur la sommité des montagnes qui la défendent, un grand nombre de redoutes; il ne fallut que quelques jours à nos soldats pour les emporter toutes. Le pas de charge sonna; la victoire fut assurée; tout céda aux efforts surnaturels de nos troupes. Le fameux fort de Saint-Sébastien et tous les autres furent pris d'assaut, ou abandonnés par l'ennemi dont la terreur était au comble.

Pendant ce tems-là Fontarabie brûlait des deux bouts. Les Français l'assiégèrent inutilement, en 1638, pendant plusieurs mois avec des forces considérables: trois cents hommes, qui avaient à leur tête un représentant du peuple (Garreau) et un commandant intrépide (la Marque, adjoint à l'État-Major) se présentent devant la place qui était défendue par huit-cents hommes et cinquante bouches à feu; ils ordonnent fièrement au gouverneur de se rendre dans six minutes. Fatigué du bombardement qui avait détruit une grande partie de la ville, le gouverneur effrayé de l'audace des assiégans, se rend à l'instant prisonnier de guerre avec toute la garnison.

Les représentans du peuple près cette armée donnèrent les plus grands éloges au courage républicain. Les actes, dirent-ils, de valeur, d'héroïsme, de dévouement à la République sont innombrables. Pour rendre à chaque soldat de cette armée la justice qui lui appartient, il faudrait parler de tous en particulier: peignez-vous les blessés, les mourans entonnant des

chants d'allégresse du triomphe de la République,
oubliant leur état, l'heure de la mort, qui avait sonné
pour eux, et demandant à mourir dans les bras et
sous les yeux des représentans du peuple temoins de
leur valeur. Peignez-vous des bataillons exposés des
heures entières au feu le plus terrible de mousque-
terie et d'artillerie, l'arme au bras et dans une immo-
bilité parfaite. Peignez-vous tout ce qu'on peut réunir
de bravoure, de courage, d'intrépidité, d'amour de la
patrie et vous n'aurez encore peut-être qu'une bien
faible idée du tableau qu'ont offert nos généreux soldats. Les généraux fidèles et braves ont droit aussi à la
reconnaissance nationale... Les différens chefs de
bataillons et les officiers ont fait comme les soldats, et
nous dirons d'eux aussi que chacun mériterait un éloge
particulier.

La Gave d'Oleron, qui traverse ce département
d'une extrémité à l'autre du Sud-Est au Nord-Ouest,
a sa source au Pic du Midi, passe à Oleron, à Navareins,
et à Sauveterre, et se perd dans la Gave de Pau, au-
dessous d'Orthès.

La Gave d'Oleron reçoit à gauche, le *Guison*, qui
sort des Pyrénées et qui arrose Mauléon.

La Bidouse et la Nive arrosent la partie occidentale
de ce département; elles sortent l'une et l'autre de deux
branches des Pyrénées, et se perdent toutes deux dans
l'Adour.

Pau, sur la Gave de son nom, chef-lieu. Cette commune est médiocrement grande, mais les rues en sont assez bien percées, et les maisons bien bâties. Son commerce consiste en belles toiles et en beaux mouchoirs, qui s'y fabriquent du lin du pays.

Lescar, au Nord-Ouest de Pau, Nay, au Sud-Est sur la même rivière. Lescar est une jolie commune, bâtie sur une colline d'où l'on découvre une plaine agréable et fertile.

Oleron est une commune très-ancienne, autrefois fort commerçante. Navareins sur la Gave d'Oleron, et Arrudy sur l'*Osseau*, petite rivière qui se perd dans la Gave d'Oleron, petites communes.

Orthès sur la Gave de Pau; Sauveterre sur celle d'Oleron; Mauléon, sur le Guison; Saint-Palais, sur la Bidouse; Ustaritz sur la Nive; la Bastide de Clarence, près l'Adour; Garris, sur la Bidouse; Saint-Jean-Pied-de-Port sur la Nive, ne sont pas considérables. Orthès est une commune agréablement située, sur le penchant d'une colline.

Bayonne. Cette commune est forte et commerçante. Elle est située au confluent de la Nive et de l'Adour dans lesquelles remonte la mer. Elle a un bon port et est divisée en trois parties. L'une appellée le *grand-Bayonne* renferme le château vieux et quelques maisons remarquables. On voit dans le *petit Bayonne* le château neuf. La troisième partie appellée le faubourg du Saint

Esprit renferme la Citadelle qui commande le port et toute la commune.

Bidache, sur la Bidouse; Saint-Jean de Luz et Andaye, sur l'Océan, ne sont pas des communes bien considérables. La dernière est très-renommée pour ses eaux-de-vie dont on fait un commerce très-considérable.

Le département des Basses-Pyrénées, est formé du Bearn, de la Basse-Navarre, du Labour et d'une partie de la Généralité de Bordeaux.

Le Béarn, dont Pau était la capitale, était borné au Nord et à l'Orient par la Gascogne; à l'Occident par le pays des Basques. Il avait au Midi la Bassse-Navarre qui était du même gouvernement.

A R T I C L E X V I.

Le Département des Landes.

Le département des Pyrénées-Orientales le borne au Midi; ceux du Gers et du Lot-et-Garonne à l'Est; celui de la Gironde au Nord; l'Océan au Couchant.

Le pays, dont il est formé se nomme ainsi, à cause des plaines désertes qui s'étendent le long de la mer depuis Bayonne jusqu'à Bordeaux. Ce département est le moins fertile de toute la République: on n'y trouve que des landes, des sables, des bruyères, des forêts de pins, dont on fait de petits mats de vaisseaux. Il y a aussi de petits chênes verts dont l'écorce forme le liege. Ce département fournit beaucoup de raisine.

Ce département a outre l'Adour, quatre petites rivières qui ont quelques communes (villes) sur leurs bords : ce sont, le Lay de Bearn, le Lay de France, le Luy ou *Louts* et la Midouse.

Le Lay de Béarn a sa source dans le département des Basses-Pyrénées, au Nord-Est de Pau, il arrose Amon dans celui des Landes, et se perd dans l'Adour à gauche.

Le Lay de France prend la sienne sur les confins du département des Hautes-Pyrénées et de celui des Basses-Pyrénées, et se perd dans le Lay de Béarn, au-dessous d'Amon.

Le Louts sort de la partie du Nord-Est du département des Basses-Pyrénées, et traverse la partie méridionale de celui des Landes. Il n'y a aucunes communes considérables sur ces deux dernières rivières.

La Midouse prend sa source dans la partie du Sud-Ouest du département du Gers, arrose Mont-de-Marsan et Tartas dans celui des Landes, et se perd dans l'Adour à droite.

Ce département produit quelque peu de grains et de vin: on y élève des porcs; on y fabrique du goudron.

Mont-de-Marsan, chef-lieu. Cette commune bâtie sur une montagne n'offre rien de remarquable.

Roquefort; Gabaret, sur la Dource; Saint-Sever,

sur l'Adour; Cazères, Aire sur le même, petites communes. Saint-Sever est assez commerçante. Aire est très-ancienne ayant été bâtie par les Romains: elle était autrefois belle et grande: elle est aujourd'hui très-médiocre.

Dax, sur l'Adour. Les eaux chaudes de Dax étaient fort renommées du tems des Romains. On voit au milieu de cette commune une fontaine d'eau bouillante, qui est si chaude, qu'à dix pas de sa source on n'en peut supporter la chaleur.

Tartas, sur l'Adour, entre Mont-de-Marsan et Dax, est une assez jolie commune bâtie en amphithéâtre. Albret, près la Midouse, n'est pas considérable: elle n'avait autrefois que le titre de bourg.

Le département des Landes est formé du Marsan et d'une partie de la Généralité de Bordeaux. Le Marsan était une Vicomté qui appartenait aux princes de Béarn: elle était enclavée dans la Chalosse, qui dépendait du gouvernement de Guyenne, comme nous l'avons dit.

Fin de la seconde partie.

TROISIÈME PARTIE.

Elle comprend la description des départemens qui sont situés dans la Méditerranée, avec celle des possessions Françaises hors de l'Europe.

CHAPITRE I.

Les Départemens situés dans la Méditerranée.

ON en compte cinq : les deux de l'île de Corse : ceux de Corcyre, d'Itaque et de la mer Egée. (1).

ARTICLE I.

Les Départemens de l'Ile-de-Corse.

L'Ile-de-Corse est située dans la Méditerranée, à dix-sept myriamètres et demi des Côtes de France, entre celles du territoire de la République Ligurienne et l'Ile de Sardaigne dont elle est séparée par le détroit de Bonifacio , qui n'a qu'un myriamètre de largeur.

____

(1) Au moment où cet Ouvrage s'imprime, la France a perdu quelques-unes des iles dont les départemens de Corcyre , d'Itaque et de la Mer Egée sont formés. Nous n'avons cependant pas crû devoir supprimer la description de ces Iles , parce qu'il est plus que probable qu'elles seront, à la Paix, restituées à la France ; si elle l'exige.

Cette île a été possédée successivement par les Tyriens, les Carthaginais et les Romains. Les Sarrazins s'en emparèrent au huitième siècle. Les Génois les en chassèrent en 1144.

En 1730, les habitans de la Corse, mécontens du Gouvernement des Génois, se révoltèrent, et se donnèrent un roi. Les Génois ne pouvant venir à bout de les réduire, implorèrent le secours de plusieurs puissances étrangères, entr'autre de la France à qui elle fut cédée, après qu'elle en eut fait la conquête.

L'Ile de Corse est plus longue que large : elle est partagée en deux parties par une chaîne de montagnes qui la traverse en entier du Nord au Midi. La partie qui est à l'Orient s'appelle *Corse-de-delà-les-Monts*; celle qui est à l'Occident, *Corse-de-deçà-les-Monts*.

L'air de la Corse est grossier et mal sain. Le terroir n'est guères fertile parce qu'il a été mal cultivé jusqu'ici. Il est cependant naturellement productif, et il le serait encore davantage, si l'on pouvait parvenir à tirer les habitans de leur inaction.

La Corse renferme des forêts très-étendues, dont on peut tirer du bois de construction. Elle est arrosée par un assez grand nombre de rivières, dont les principales sont celles du *Golo* et du *Liamone*, qui donnent leur nom aux deux départemens qu'on a établis dans cette île.

Bastia est le chef-lieu du département du Golo. Cette commune est grande et bien peuplée. Elle est bâtie en amphitéâtre sur le bord de la Mer, à la gauche de l'embouchure du Golo.

St.-Fiorenzo, au Sud-Ouest de Bastia. Son port est muni de bonnes fortifications. Le Cap Corse est situé à l'extrémité septentrionale de l'Ile. Oletta et Nebio ne sont pas des communes considérables. Mariana, ancienne commune ruinée.

Corté. Cette commune est située au centre de l'Ile, dans une plaine environnée de montagnes fort.élevées.

Vico, est le chef-lieu du département du Liamone. Cette commune est située sur la rivière de même nom, et est assez considérable.

Sagone, au fond d'un golfe de même nom, a le meilleur port de l'Ile. Ajaccio, petite commune, mais très-jolie. Les rues en sont larges et les maisons bien bâties. Elle est située au fond d'un golfe auquel elle donne. son nom. Telano et Porto-Vecchio sont des communes peu considérables. La dernière est presque déserte à cause du mauvais air qu'on y resipire.

Bonifacio. Cette commune est située à la pointe méridionale de l'Ile. Elle est jolie et assez peuplée.

Au Sud-Ouest du golfe de Saint-Fiorenzo est une petite Ile appelée l'Ile *Rousse*, qui tient à la Terre ferme par une chaussée. Elle formait un district avec la Balagne et Calvi. Cette dernière commune est une des principales de la Corse.

ARTICLE II.

Le Département de Corcyre.

Ce département comprend l'Ile de Corfou avec quelques autres moins considérables qui en sont voisines, dont les principales sont celles de *Paschu* et d'*Antipaschu*, que les anciens appellaient *Paxus Insulæ*.

L'Ile de Corfou, *Corcyra*, est située dans la mer Ionienne ou Mer de Grèce, à l'Occident de l'Epire (partie de la Turquie d'Europe), entre le trente-septième et le trente-huitième dégré de Longitude, au trente-neuvième de latitude septentrionale. Elle a environ vingt myriamètres de circuit.

Quelques Géographes placent l'île de Calipso, *Calyp-sus insula*, au Nord de celle de Corfou ; mais tous ne conviennent pas que ce soit sa véritable situation, et quelques-uns prétendent qu'on l'ignore absolument.

L'Ile de Corfou, où habitèrent dans les premiers tems les Phéaciens, se nomma d'abord *Schérie* d'où sont dérivés les noms de *Corcyre* et de *Corfou* qu'elle a portés dans la suite. C'est de cette île que viennent les vins connus sous le nom de *vins de Malvoisis*, qui sont si estimés. Elle est défendue par quatre cents quarante pièces de canon, avec toutes ses munitions de guerre.

Corfou est une grande et très-forte commune, avec un bon port, et le chef-lieu du département.

A R T I C L E   I I I.

Le Département d'Itaque.

Il comprend un certain nombre d'Iles plus ou moins considérables, situées au Sud-Est du département de Corcyre, à l'Ouest du golfe de Lépante. Celle d'Itaque, qui lui donne son nom, faisait partie des États d'Ulisse, et était le lieu de sa naissance. Elle est située entre l'île de Céphalonie et l'Achaie.

Les autres îles les plus considérables, dont ce département est formé, sont celles de Ste.-Maure, de Céphalonie et de Zanthe.

L'Ile de Ste.-Maure est l'ancienne Leucas. Elle est située au trente-neuvième dégré de latitude, au-delà du trente-huitième de longitude. Elle se nomma d'abord *Neritus*, ensuite *Leucadia*. Le promontoire de *Leucate* est situé à la pointé méridionale de cette île.

L'Ile de Ste.-Maure n'est pas très-étendue. Elle est entourée de plusieurs autres moins considérables que les anciens nommaient *Teleboides Insulæ*. Ste.-

Maure est la commune la plus remarquable de cette île. C'est une Place forte.

L'Ile de Céphalonie, *Cephallenia*, est située au Midi de la précédente. C'est la plus étendue du département d'Itaque. Le Mont *Enus*, *Ænus Mons*, la traverse en entier, du Nord-Ouest au Sud-Est. Elle renfermait une ancienne ville nommée *Same*, d'où lui vient le nom de *Samos* qu'elle portait du tems des Romains.

Cette Ile était la plus étendue de celles qui formaient les États d'Ulisse. Céphalonie en est la commune la plus remarquable, et le chef-lieu du département d'Itaque : elle est située au pied du Mont *Ereus*, au bord de la mer et a un bon port.

A l'Orient de cette Ile, vis-à-vis le golfe de Lépante, on en trouve cinq autres peu étendues que les Anciens nommaient *Echinades Insulæ*.

L'Ile de Zanthe, *Zacynthus*; et située au Nord-Ouest de la Morée (partie de la Turquie d'Europe : c'est l'ancienne Grèce). Elle est très-agréable et très-fertile : on y recueille des raisins appelés *raisins de Corinthe*, parce que le plan y a été apporté des environs de cette ville. Zanthe en est la commune la plus remarquable.

Article

ARTICLE VI.

Le Département de la Mer Égée.

Ce département comprend plusieurs îles situées dans la Mer de son nom ; savoir *Cérigo*, au Sud-Est de la Morée, au quarante-unième dégré de longitude et au trente-sixième de latitude septentrionale. *Sidra* au Nord de la précédente, entre le golfe de Napoli et celui d'Engia : celles de *Tine*, de *Micone*, ou *Micole*, et de *Rocho*, au Sud-Est de l'Ile de Négrépont, vers le quarante-troisième dégré de longitude et le trente-sixième de latitude.

Cérigo est la plus considérable des îles dont est formé le département de la mer Égée. C'est l'ancienne Cithère, *Cythera* : elle dépendait autrefois de la Morée. On y trouve quantité de lièvres, de cailles et de tourterelles. Cette île était autrefois très-célèbre ; mais sa célébrité emporte une note d'infamie pour ses habitans ; elle était consacrée à Vénus qui y avait un temple très-renommé par toute la Grèce.

Cérigo, chef-lieu, en est la commune la plus remarquable.

Tine est fort fertile en vins et en soie. Elle n'a qu'un fort Château de même nom et vingt-quatre Villages. Les autres îles de ce département ne sont guères peuplées quoiqu'elles soient assez fertiles.

Toutes les îles qui forment ces trois départemens

N

appartenaient aux Vénitiens. La conduite oblique qu'ils ont tenue envers la République Française, pendant toute la durée de la guerre de la Liberté, les leur a fait perdre, et les a mis sous le joug de l'Autriche.

CHAPITRE II.

Les possessions de la France hors de l'Europe.

La France possède hors de son territoire divers établissemens, dont les uns sont situés en Asie, les autres en Afrique, une partie en Amérique.

ARTICLE I.

Les établissemens Français en Asie.

Depuis que les Portugais ont découvert la route des Indes orientales, en doublant le Cap de Bonne-Espérance, toutes les nations commerçantes de l'Europe, y ont formé en différens tems divers établissemens, plus ou moins considérables.

Ce fut sur la fin du quinzième siècle que les Portugais entreprirent de tourner autour des terres méridionales de l'Afrique pour gagner les Indes. La longueur énorme de la côte occidentale de cette partie de notre continent, jointe aux incommodités de la traversée de toute la Zone Torride, pensa les jetter dans le désespoir. Ils s'apperçurent enfin qu'ils doublaient un Cap, et que bien loin d'avancer davantage vers le Midi, leur navigation se repliait au Nord. Ils commencèrent d'espérer de toucher aux côtes d'Asie, et donnèrent au Promontoire le plus méridional de l'Afrique le nom de *Cap de Bonne-Espérance*. Ils firent plusieurs établissemens considérables aux îles Moluques, au Malabar et à la Chine

En 1578 Dom Sébastien, roi de Portugal, ayant entrepris témérairement une guerre contre les Maurcs d'Afrique, il y périt avec toute son armée, et n'ayant point laissé d'enfans, le cardinal Henri, son grand-oncle presque septuagénaire, lui succéda, et tint pour quelque tems en suspens les tempêtes qui étaient sur le point d'éclater. Henri étant mort en 1580, les différentes branches de la postérité d'Emmanuel, bisayeul de Sébastien, se disputèrent la couronne. Philippe II, roi d'Espagne, l'un des concurrens, ayant envoyé une armée en Portugal, sous la conduite du duc d'Albe, eut bientôt écrasé tous ses compétiteurs, et se rendit maître du royaume.

Quelques années après le duc d'Albe fut envoyé par ce même Philippe pour gouverner les Pays-Bas qui lui appartenaient. La manière tyrannique et tout-à-fait barbare, dont il se comporta envers les Hollandais, les ayant forcés à se révolter, ils secouèrent entièrement le joug de l'Espagne. N'ayant plus le débouché de leurs marchandises dans les ports d'Espagne qui leur furent fermés, ils équiperent plusieurs flottes, pour essayer de faire des conquêtes sur les Espagnols.

Les Portugais passant alors pour Espagnols, il les attaquèrent dans les Indes, à ce titre. Les Portugais eurent beau protester qu'ils n'étaient soumis que malgré eux à l'Espagne, les Hollandais s'emparèrent de leurs plus beaux établissemens. Ils se saisirent peu-à-peu de ce que les Portugais avaient de plus riche dans les Moluques, dans les îles de la Sonde, à la Cochinchine et bien ailleurs.

Les autres nations commerçantes de l'Europe, tels que les Français, les Daonis, les Anglais ne tardèrent pas à se porter vers les Indes-orientales, et y eurent bientôt formé plusieurs établissemens dont ils sont encore maintenant en possession.

Les principaux établissemens que les Français ont formés dans les Indes-orientales, sont situés dans la presqu'île de l'Inde en-deça du Gange, qu'on appelle aussi *presqu'île-occidentale*, pour la distinguer de celle qui est située au-delà de ce fleuve qu'on nomme *presqu'île-orientale*.

Ces deux presqu'îles occupent la partie de la Terre-Ferme de l'Asie, qui s'avance le plus vers le Sud.

Le Gange, qui les sépare l'une de l'autre, est un des plus grands fleuves de ces contrées. Il a sa source dans le grand Tibet, au Nord-Est des États du Mogol, vers le cent-sixieme dégré de longitude et le trente-

quatrieme de latitude septentrionale. Il coule d'abord
de l'Est à l'Ouest en traversant les États du Mogol,
puis du Nord-Ouest au Sud-Est, et va se perdre dans
le Golfe auquel il donne son nom, et que l'on nomme
encore le Golfe du Bengale.

La presqu'île occidentale du Gange forme un
triangle qui a pour base les provinces méridionales
de l'Empire du Mogol et pour côtés les deux longues
côtes du Malabar et de Commandel, réunies en pointe
au Cap Comorin vers le Midi; d'où il est facile de
conclure que sa largeur doit-être fort inégale. Etant
située toute entiere dans la Zone Torride, l'air y est
extrêmement chaud, et les peuples fort basannés.

On divise cette presqu'île en deux principales parties: la côte occidentale, qui comprend le royaume de
Visapour, et les côtes de Canara et du Malabar: la
côte orientale et les États voisins, qui sont les
royaumes de Golconde, de Carnate, de Gingi, de
Taujaor, de Maduré et le Bengal.

La France a des établissemens sur l'une et l'autre de
ces côtes. Elle possede Mahé sur celle du Malabar,
dans le royaume de Calicut, près et au Nord de la ville
de même nom. Le territoire de Mahé est fort fertile en
poivre.

Les principaux établissemens que les Français ont
formés sur la côte orientale sont, du Sud au Nord,
Karikal, Pondichéri, les Loges et Chandernagor.

Karikal est situé sur la côte de Coromandel ; il est défendu par une forteresse que l'on nomme *Karkangeri* ; il s'y trouve un bon port, qui est fort fréquenté ; on y compte plus de cinq mille habitans.

Pondicheri est une grande, belle et forte commune dont les rues sont tirées au cordeau ; on y voit un jrdin magnifique qui sert de promenade publique.

Les Loges. C'est le nom que l'on donne à quelques petits établissemens que l'on a formés à Masulitapan, dans le royaume de Golconde, entre Pondicheri et Chandernagor. Ces établissemens, avec le poste de Pondicheri, mettent la France en état de tirer de tous les royaumes Indiens, le ris, l'acier, le coton en bourre et filé, les mousselines, les toiles peintes et les diamans de Golconde et de Visapour.

Chandernagor est situé dans le Bengal, sur une des branches du Gange, assez près de son embouchure. La position de Chandernagor facilite le commerce du Mogol, d'où la France tire des velours, des brocards, des camelots, de l'indigo, du salpêtre, du mu c et de la rhubarbe qu'on y apporte du Boutan et de la Tartarie.

ARTICLE II.

Les Etablissemens Français en Afrique.

La France avait autrefois en Afrique des établissemens beaucoup plus considérables que ceux qu'elles y possede aujourd'hui. Vers le milieu du quatorzieme siecle les Normands coururent les côtes d'Afrique, et y formèrent des établissemens considèrables vers les embouchures du Sénégal (1) et de la rivière de Gambie. (2) Des marchands de Dieppe, qui s'étaient portés les premiers sur ces côtes, associèrent en 1365 à leur commerce d'Afrique plusieurs négocians de Rouen. On vit dès l'année suivante des effets de cette société : elle équipa plusieurs vaisseaux pour son commerce le long des côtes, établit des comptoirs de distance en distance, et bâtit plusieurs forts le long de la côte de Guynée principalement, pour mettre ses marchandises et ses commis en sûreté. Elle retira de tous ces établissemens des richesses immenses, qui

---

(1) Le Sénégal a sa source vers le vingtième dégré de latitude septentrionale, entre le seizième et le dix-septième de longitude. Il sort du lac MABERIA, non loin du marais NIGRITI, coule à l'Ouest en traversant la Guinée septentrionale, et va tomber dans l'Océan vis-à-vis les îles du Cap Verd, après un cours de huit cents myriamètres. On ne le connait bien que depuis son embouchure jusqu'au rocher GOUINEA, qui est au-delà du royaume de GALAM. C'est environ la moitié de son cours, et on ne peut pas le remonter plus haut à cause des rochers et des cataractes.

(2) La rivière de Gambie a sa source dans le royaume des Mandinges, vers le milieu de la Guinée, coule de l'Est à l'Ouest entre le royaume des Foules et celui des Féloupes, et va se perdre dans l'Océan au Midi de l'île de Gorée. Rufisque, ou les Diéppois avaient formé le plus considérable de leurs établissemens, est située à la droite de cette rivière, près du Cap Verd.

auraient toujours augmenté à mesure qu'elle s'avançait dansl'intérieur du pays, sans les guerres qui ruinèrent la société en 1392. Le négoce d'Afrique depuis cette époque tomba peu-à-peu, et la compagnie Normande ne conserva de tous ses établissemens que celui qu'elle avait formé sur le Sénégal, où elle eut encore quelques agents jusqu'en 1664, tems auquel elle fut obligée de le vendre à celle qui se forma sous le titre de compagnies des Indes-Occidentales (1) Le commerce que les Français faisaient sur les côtes d'Afrique, fut presqu'entièrement annéanti, et ne s'est jamais relevé.

La France possède maintenant en Afrique les établissemens de Madagascar, l'île de la Réunion, celle de France, les Scichelles et Rodrigue.

L'île de Madagascar, une des plus grandes que l'on connaisse, est située dans l'Océan orientale entre le douzième et le vingt-cinquième dégré de latitude méridionale et entre le soixante-deuxième et le soixante-dixième de longitude. Elle est beaucoup plus longue que large, et a environ quatre cents-myriamètres de

---

(1) La Compagnie des Indes-Occidentales fut établie par édit du mois de mars 1664, avec un privilège exclusif pour faire le commerce depuis le Cap-Blanc jusqu'au Cap de Bonne-Espérance. Le Cap-Blanc est situé au Nord du Cap-Verd, vers le vingt-unième dégré de latitude septentrionale. Il y en a un de même nom sur la Côte Occidentale de l'Amérique septentrionale.

circuit. Son terrein est fort varié et produit abondamment de tout, à l'exception du bled et du vin. Il
est fertile en oranges, en citrons, annanas, melons,
légumes, ris, coton et poivre blanc; il y a quantité
d'arbres rares, comme l'ébène, le brésil, le sandal et
des palmiers de plusieurs sortes. On y trouve plusieurs
espèces de pierres précieuses dans les rivières. Elle a
une grande quantité de bœufs et de vaches, presque
tous les animaux que nous avons en Europe, et plusieurs qui nous sont absolument inconnus. Elle produit
plusieurs sortes de miel, et en particulier une espèce
douce comme le sucre: c'est un remède souverain
pour les maladies de poitrine et pour l'asthme.

L'île de la Réunion (autrefois l'île Bourbon), est
située à l'Orient de Madagascar. Elle a environ quinze
myriamètres de longueur sur dix de largeur. Les
Français s'y établirent en 1657. Cette île est située
dans un air excellent; le terrein en est extrêmement
fertile; il produit abondamment du bled et du vin; le
gibier, la volaille, le poisson, le bétail, les fruits y sont
communs; le café qu'on y a semé et planté a réussi,
mais il ne s'est pas perfectionné comme celui que l'on
cultive dans les îles de l'Amérique.

L'île de France est située au Nord-Est de celle de
la Réunion. Elle produit une si grande quantité de
bois d'ébène, qu'elle en fournit à toute l'Europe. On y
trouve beaucoup de boucs, de cerfs et de chèvres, de

cochons, des taureaux, des vaches, des chevaux sauvages, et grand nombre de chiens, une multitude d'oiseaux de toutes espèces, quantité de chauves-souris très-grosses, et dónt la tète est comme celle des singes. Il y a une abondance prodigieuse de poissons de rivières et de mer, beaucoup de tortues, des rayes si grosses, qu'elles peuvent suffire à la nourriture de tout un vaisseau pendant un jour, des vaches et des veaux marins de dix à douze pieds de longueur, et gros à proportion.

Les Seychelles sont de petites îles assez fertiles pour la plupart.

Rodrigue. Cette île se nommait autrefois l'île de Diégo Rodriguez. Elle est située à l'Orient de celle de France, a un peu plus d'étendue, et est très-fertile.

Les divers établissemens que la France possède dans l'Océan orientale , sont d'une grande resource pour le commerce des Indes : c'est l'entrepôt de tous les vaisseaux qui y vont et en reviennent.

A R T I C L E I I I.

Les Etablissemens Français en Amérique.

L'Amérique fut découverte par Christophe Colomb sur la fin du quinzième siècle. On ne voit point que les anciens peuples de notre continent, ceux sur-tout qui habitaient l'Europe, l'Afrique et la partie méridionale de l'Asie, ayent eu aucune connaissance de

cette partie de l'Univers, et si elle a existé chez eux
elle s'était entièrement perdue. Peut-être ne faut-il pas
dire la même chose de ceux qui occupaient la partie du
Nord-Est de l'Asie, car il est contant aujourd'hui,
d'après les différens voyages que les Russes ont fait
dans ces derniers tems a travers la partie de l'Océan,
qui s'épare vers le Nord l'Asie de l'Amérique, qu'elles
ne sont pas très-éloignées l'une de l'autre, d'où l'on
présume que celle-ci a été peuplée par des hommes
venus de la première. Ce qui confirme cette opinion,
c'est que quand les Européens eurent une fois connus
les usages, les coutumes et les mœurs des habitans
de l'Amérique, ils remarquèrent une grande ressem-
blance entre leur manière de vivre et celle des habitans
du Nord-Est de l'Asie.

A Quelque époque que ces émigrations ayent eu lieu,
toujours doit-on croire que les premiers peuples qui
passèrent en Amérique conservèrent quelques relations
avec les habitans des contrées d'où ils étaient sortis;
et si le reste des habitans de notre continent n'eurent
aucune connaissance de cette découverte, c'est qu'ils
n'en avaient eux-mêmes aucunes avec les peuples de
ces contrées. D'ailleurs ces peuples à demi-sauvages,
et qui n'avaient aucune connaissance de l'usage des
lettres, ne nous ont laissé aucuns monumens histo-
riques qui puissent nous donner la moindre idée de ce
qui s'est passé parmi eux dans les tems les plus reculés;
mais ce silence ne prouve pas qu'ils n'ayent eu aucune

connaissance de cette partie du globe que nous nommons le nouveau monde.

C'est à l'histoire à raconter les obstacles que Christophe Colomb eut à vaincre avant de pouvoir mettre à exécution le vaste projet qu'il avait conçu. Il le proposa envain aux Génois, ses compatriotes, au roi d'Angleterre Henri VII, à Emmanuel de Portugal. Des préjugés barbares s'opposaient à l'exécution de ses vastes desseins. (1).

Colomb après avoir sollicité pendant huit années Ferdinand, roi d'Aragon, et la reine Elisabeth, son épouse, en obtint enfin trois petits vaisseaux, et pertit l'an 1492 de Palos en Andalousie, avec le titre d'amiral et de vice roi des pays qu'il découvrirait. Il vogua six semaines entières sans rien découvrir : l'équipage révolté reprend contre lui tous les préjugés de l'Europe, et va le mettre à mort lorsqu'il touche enfin le nouvean continent. Il revient; on lui donne des fers; Colomb ne veut d'autre vengeance que de les emporter dans son tombeau en laissant l'Univers juge de l'ingratitude des despotes qui le persécutèrent.

Un second navigateur a donné son nom à ce nouvel hémisphère, et a ravi à ce grand homme la gloire de

____

(1) Le pape Zacharie, au huitième siècle, avait condamné comme héétique un savant Evêque de Saltzbourg (en Bavière), nommé Virgile, pour avoir soutenu qu'il y ayait des Antipodes.

lui donner le sien. C'est Améric Vespuce. Il était Florentin. Cet aventurier s'étant mis en qualité de marchand ou de simple passager sur une flotte qui partit en 1499, et n'ayant guères vu que les pays où Colomb avait pénétré avant lui, il publia des relations dans lesquelles il prétendit avoir découvert la Terre-Ferme, et voulut ravir à l'immortel Colomb la gloire qu'il ne partage avec personne.

L'Amérique est partagée en deux grandes portions jointes ensemble par l'Isthme de Panamia, dont l'une se nomme l'Amérique septentrionale, l'autre l'Amérique méridionale. Elle renferme un très-grand nombre d'îles parmi lesquels il y en a plusieurs d'une fort grande étendue. On a donné le nom d'*Antilles* à celles qui sont situées à l'Orient, vers le Tropique du Cancer, parce qu'on les remontre avant d'arriver en Terre-Ferme. Les principaux établissemens des Français en Amérique, occupent une partie de ces îles. Ils y possèdent Saint-Domingue, la Guadeloupe, Marie-Galande, la Desirade, les Saintes, la partie Française de Saint-Martin, Sainte-Lucie et Tabago.

1°. L'île de Saint-Domingue est une des plus étendues des Antilles. Elle a près de cent quatre-vingt myriamètres de long sur soixante de large dans sa plus grande étendue du Nord au Sud, et environ quatre cents myriamètres de tour. Elle était extrêmement peuplée lorsque Christophe Colomb en fit la découverte; mais les Espagnols, par une barbarie dont les annales du monde n'offrent point d'exemple, y firent mourir en dix-sept ans plus de trois millions d'hommes, et il ne s'y trouve plus aujourd'hui de ces anciens habitans.

Cette île était partagée entre les Espagnols, qui étaient les maîtres de la partie orientale et les Français qui possédaient la partie occidentale. Elle appartient maintenant en totalité à la France. Elle est fertile en maïs, en fruits, en sucre, en cochenille, en or; il y a des mines d'argent, de fer, de cuivre, de talc, de cristal de roche, d'antimoine, de souffre, de charbon de terre, des carrières de marbre et de pierres.

L'île de Saint-Domingue est divisée en cinq départemens; savoir, 1°. Le Nord, chef-lieu le Cap; 2°. L'Ouest, port Républicain (ci devant le port au Prince;) 3°. Le Sud, les Cayes; 4°. Savanac, San-Jago; 5°. Lagane, Santo-Domingo. Cette dernière commune est grande et fortifiée.

2°. La Guadeloupe. Elle est située au Sud-Est de l'île de Saint-Domingue. Elle appartient à la France depuis 1635. Elle est très-fertile en cannes à sucre et en coton.

3°. Marie-Galande. Elle est située au Nord-Est de la Guadeloupe. Les productions de cette île sont les mêmes que de la précédente.

4°. La Desirade est située au Nord de Marie-Galande. Elle n'est pas fort étendue.

5°. Les Saintes sont situées au Midi de la Guadeloupe. Le manioc, les patates, le coton et le tabac viennent en perfection dans ces deux îles.

6°. L'île de Saint Martin, à l'Orient de celle de Porto-Rigo, est partagée entre les Français et les Hollandais.

7°. Sainte-Lucie, et 8° Tabago ont de tous tems fait partie des possessions Françaises. Ce sont de toutes les îles que la France possède aux Antilles, celles qui s'avancent davantage vers le Sud. Ces deux îles sont assez fertile.

La France possède encore en Amérique, la Guyane Française et l'île de Cayenne.

La Guyane Française est située dans l'Amérique méridionale entre les Colonies Hollandaise et Portugaise et la mer. Ces colonies occupent avec la nouvelle Andalousie toute cette étendue de pays qui se trouve entre l'Orénoque, et la rivière des Amazones, vers leurs embouchures.

L'Orénoque à sa source dans le Popayan, province du nouveau royaume de Grenade, qu'il sépare de la Guyane Espagnole, et se rend dans la mer du Nord par plusieurs embouchures.

La rivière des Amazones sort des Andes ou Cordillières du Pérou, traverse de l'Ouest à l'Est toute cette vaste région qui se trouve entre le Perou et la mer, et après un cours d'environ six cents myriamètres,

mètres, devant lequel elle reçoit un grand nombre de rivières considérables, elle se jette dans la mer du Nord, sous l'Équateur.

L'île de Cayenne est voisine de la Guyane Française. L'air n'y est pas très sain; mais le terroir en est fertile ; il produit de l'indigo, du coton, du maïs et du manioc en abondance, de la casse, des pommes d'acajou et de la vanille. L'ébène, le bois de violette et autres bois propres à la teinture et à la menuiserie, sont communs dans cette île. Les Français y arrivèrent pour la première fois en 1635. Les tentatives qu'on a faites à différentes fois pour la peupler, n'ont pas réussi. Cayenne, qui en est le lieu le plus considérable, n'est presque point habitée, parce que les Français qui y sont établis, sont presque toujours dans leurs plantations travaillant avec les Indiens qui se sont soumis à eux, et avec les nègres qu'ils y ont transportés.

L'Air de la Guyane Française n'est pas plus sain que celui de Cayenne. Les sauvages qui s'y trouvent, sont doux et assez humains, et fort obligeans envers les Européens.

A R T I C L E   I V.

Le cours de quelques-unes des rivières des États voisins.

Nous terminerons cet ouvrage par la description du

O

cours de quelques-unes des rivières des États voisins de la France, que les victoires remportées sur leurs bords par les armées républicaines, rendront à jamais célèbres. Nous commençons par celles de l'Italie et nous finissons par celles de l'Espagne.

Le Pô.

Le Pô est le plus grand fleuve de l'Italie. Il prend sa source à l'Ouest au Mont-*Viso*, sur les confins du département des Hautes Alpes. Il traverse le Piémont, le Mont-Ferrat (1), le duché de Parme, celui de Mantoue et le Ferrarois. Il arrose Grisel, Austain, Paisance, Revel, Turin, Verüe et Crescentino dans le Piémont; Trin, Casal, et Valenza dans le Mont-Ferrat; Plaisance dans le duché de même nom; Crémone dans le Milanez; Ostiglio et Servionne dans le Mantouan; puis se divisant en plusieurs branches dans le Ferrarois, il va se perdre dans la mer Adriatique, au Midi de Venise.

La Doria-Baltea.

Elle sort du duché d'Aost en Piémont, y arrose Cormoyeu, la Thuile, Aost, Verez et Baro, passe à Yvrée et va se perdre dans le Pô à gauche.

---

(1) Nous suivons ici l'Ancienne division de l'Italie, quoique les triomphes des armées républicaines, en ayent, au moment où nous écrivons ceci, changé entièrement la face.

Le Tanaro.

Il a sa source dans les Alpes, traverse le Mont-Ferrat, et se perd aussi dans le Pô, au-dessous de Casal. Il baigne Ormea et Cèva, passe près de Mondovi et de Chiérasa, arrose Asti, Alexandrie et Quiérasque dans le Piémont, et Alba dans le Mont-Ferrat.

Le Tanaro reçoit à droite à Alexandrie

La Bormida.

Elle a sa source au Sud-Ouest de Cèva, arrose Mil-esimo dans le Piémont, traverse d'une extrémité à l'autre le Mont-Ferrat où elle baigne Acqui.

Une partie de l'armée d'Italie passa cette riviere le 5 germinal, an 4, sous le feu des armées Autrichiennes et Sarde combinées, ayant de l'eau jusqu'au milieu du corps. Le même jour se donna sur le bord de cette rivière, la fameuse bataille de Millesimo, dans laquelle les ennemis furent complettement battus. Ils le furent le même jour à la prise du *château de Cossaria*, à *Saint-Jean et à Dégo*. Ils l'avaient été le 24 à *Cossaria* et le 23 à *Montenotte* : enfin ils le furent encore le 26 à la prise du fameux camp retranché de *Cèva* et à la reprise de Ceva. Ce fut par tant de victoires que l'invincible armée d'Italie ouvrit la campagne de l'an 4. Les Autrichiens et les Piémontais

perdirent près de dix mille hommes dans ces différentes
affaires. On leur enleva une partie de leur artillerie,
leurs magasins et beaucoup de drapeaux.

La Toccia ou *Tossa.*

Elle sort du lac *Pistel*, au Sud-Ouest du Mont-St.-
Gothard, traverse la vallée de Sessia, y arrose Prema,
Domo d'Ozula et la Pieve; et se rend ensuite dans le lac
majeur.

Le lac majeur séparait les États du roi de Sardaigne
de ceux de la maison d'Autriche en Italie. Il y a
plusieurs villes considérables sur ses bords. Les principales sont Canobio, et Palenza dans les Etats du roi
de Sardaigne; Luvino, Cerro, Anghierra et Servio qui
appartenaient à l'Empereur et qui dépendent aujour-
d'hui de la République Cisalpine.

L'Adda.

Elle sort du Mont-*Braulio* dans le pays des Gri-
sons, traverse le lac de Côme, en ressort auprès de
Lecco, arrose la partie orientale du Milanez, et se
décharge dans le Pô à gauche entre Plaisance et Crémone, après avoir arrosé Brivio, Trezzo, Lodi et
Picigitone.

L'Adige.

Elle a sa source dans le Tirol, au Nord, arrose

l'évêché et la ville de Trente, passe à Vérone, et se jette dans le Golfe à huit lieues, sud de Venise. L'adige reçoit à droite le Lavis à Trente.

L'Aar.

L'Aar a sa source assez près de celle du Rhône, traverse l'Helvétie d'une extrémité à l'autre, et se perd dans le Rhin, au-dessus de Waldshut. Il arrose Bottingen, Untersven, Munsingen, Berne, Asberg et Arburg.

Le Russ.

Il sort du Mont-Saint-Gothard, traverse le lac de Lucerne, baigne Altorf, Bemgarten et Millingen; puis se perd dans l'Aar à droite, au-dessous de Bruck.

Le Mein.

Le Mein a deux sources, l'une sur les confins de la Franconie et de la Bavière, au Nord de Neubourg; l'autre dans la partie du Nord et de la Franconie, au Nord-Est de Culembach. La branche du Mein qui a sa source près de Neubourg, se nomme le *Haut--Mein*; celle qui a sa source près de Culembach, se nomme le *Bas-Mein*. Ces deux branches se réunissent au-dessous de Schweinfurt; et le Mein dirigeant ensuite son cours vers l'Ouest, va se perdre dans le Rhin à Mayence. Il passe à Culembach, à Bambert, à Schweinfurt, à

Wirtzbourg, à Carslat, à Gémund, à Rottenfels, à Wertheim, à Hannau et à Francfort.

La Nidda.

La Nidda a sa source dans la partie méridionale de la Hesse, y arrose Choten et Nidda, y passe près de Bingenhein, traverse la partie occidentale du Comté de Hannau, une partie de l'électorat de Mayence, et se perd dans le Mein au-dessous de Francfort.

La Lahm.

Elle prend sa source à l'Occident de Lapse dans la Hesse, y arrose cette ville, Weter, Marpurg, Stauffemberg, Giessen, Hadamar, Wetzlar, traverse le Comté de Nassau, y arrose Weilbourg, Wilmar, Runckelck et Nassau; puis se perd dans le Rhin au-dessous de Cologne.

L'Agger.

Il a sa source dans le Comté de la Marck où il arrose Neustat, passe près de Homberg dans le duché de Clèves, et se perd dans la Sieg.

La Sieg.

Elle sort du cercle du Haut-Rhin, traverse le duché de Berg où elle arrose Windeck, Blankenberg et Siégen, et se perd dans le Rhin.

La *Wippen*

Elle sort du Comté de la Marck, traverse le duché de Berg où elle arrose Wipperfud, et se décharge dans le Rhin, au-dessous de Molheim.

La *Roër*.

Elle a ses sources dans la partie orientale du duché de Wersphalie où elle arrose Melchde, Arensberg et Menden; puis traverse la partie septentrionale du Comté de la Marck où elle baigne Sigburg, Hardenberg et Verden; et va ensuite se décharger dans le Rhin a Duysbourg.

L'*Ismle*.

Elle a sa source à l'Orient de Dortmunde qu'elle arrose, sépare au Nord le Comté de la Marck du duché de Clèves, et tombe dans le Rhin.

La *Lippe*.

Elle a sa source dans le voisinage de Paderborn, dans le cercle de Westphalie, sépare l'évêché de Munster du Comté de la Marck, arrose Ham dans celui-ci, travere le duché de Clèves, baigne Wesel et se perd aussi dans le Rhin.

Le *Neckre*

Il a sa source dans la partie méridionale de la Souabe, et se jette dans le Rhin à Manheim.

La Rastadt.

Elle sort du Duché de Wurtembeurg, traverse le Comté d'Eberstain, le marquisat de Babe où elle arrose Rastadt; puis se décharge dans le Rhin au-dessous de cette ville.

Le Lech.

Il sort du Tyrol, arrose l'Évêché d'Augsbourg, sépare la Bavière de la Souabe, et se perd dans le Danube, au-dessous de Donavert.

L'armée de Rhin-et-Moselle passa cette rivière le 7 fructidor, an 4. Il se donna sur la rive droite un combat terrible où l'armée du Prince Charles fut battue et mise en plaine déroute : on lui fit plus de deux mille prisonniers, avec quarante officiers, dont trois supérieurs et l'Aide-de-Camp du général Latour : on lui prit seize à dix sept pièces d'artillerie légère et deux drapeaux.

Le Dommel.

Il sort du département de la Meuse Inférieure, traverse la partie méridionale du territoire de la République Batave, arrose Bois-le-Duc, prend le nom de *Dise* ; et va se perdre dans la Meuse vis-à-vis l'Ile de Bommel.

Bois-le-Duc est une des clefs de la Hollande. Le Fort de Crevecœur, qui défend cette ville ne 'put tenir long-tems contre la division de l'armée du Nord, qui s'avança sur cette place dans le courant de la campagne de l'an 3. Cette prise était d'autant plus importante, qu'elle nous rendait maîtres de la Meuse, et des inondations qu'on pouvait faire pour défendre Bois-le-Duc et le reste de la Hollande. Depuis Crevecœur il n'y avait plus que le Wahal qui séparait nos troupes de l'intérieur de la Hollande. La prise de Bois-le-Duc suivit de près celle de Crevecœur. La garnison fut faite prisonnière de guerre, on y prit quatre cents émigrés qui subirent la peine portée par la loi.

La prise de Bois-le-Duc décida le sort de la Hollande, qui tomba peu de tems après toute entière au pouvoir des Républicains, dont la rigueur d'un hiver, un des plus rudes qu'on eût eu depuis long-tems ne put retenir le courage, ni retarder la marche triomphante.

La Seygre.

Elle a sa source dans les Pyrénées à l'Est d'Urgel, traverse la Catalogne (Province d'Espagne); puis se perd dans l'Ebre, après avoir arrosé Urgel, Balaguer et Lerida.

L'Ebre.

C'est un des plus grands fleuves d'Espagne. Il a

ses sources sur les confins de la Vieille Castille et de principauté des Asturies, traverse la partie septentrionale de l'Espagne, et se perd dans la Méditerranée; y arrose Calahorra; Tortose, etc.

L'Arrax.

Il sort du Mont-Adrien, le plus haut des Pyrénées, arrose Ségura, Villa-Franca, Tolosa et Orio; puis se jette dans l'Océan.

La Gurumea.

C'est une petite rivière à l'embouchure de laquelle est le Fort de St.-Sébastien, qui fut une des premières places maritimes, qui tomba au pouvoir de l'armée des Pyrénées occidentales.

La Bidassoa.

Elle a sa source dans la partie septentrionale de la Biscaye, y arrose Vera et Fontarabie; puis se décharge dans l'Océan.

La Bidassoa est la première rivière qu'on rencontre en passant de France en Espagne. Le 7 thermidor, an 2 une division de l'armée des Pyrénées-Occidentales, passa la Bidassoa. Cette division était composée de six mille hommes. Elle attaqua douze à quinze mille Espagnols, retranchés et enfermés dans une trentaine de redoutes, qui, placées en amphithéâtre

et croissants sur tous les points, semblaient inexpugnables. Tout céda aux efforts surnaturels de nos
troupes. Tous les camps, toutes les redoutes, des
magasins immenses, dix à douze mille fusils, des
tentes au moins de vingt-cinq mille hommes, deux
cents bouches à feu ; deux mille prisonniers dans
lesquels deux régimens entiers : tel fut le fruit d'une
seule matinée. La bayonnette emporta tout en moins
de trois heures.

F I N.

OBSERVATIONS GÉNÉRALES.

Sur les Tables suivantes.

Tout le Monde connaît l'utilité, pour ne pas dire la nécessité des Tables que l'on place ou au commencement ou à la fin des différens ouvrages ; mais elles ne sont en quelque sorte nulle part plus nécessaires que dans ceux qui traitent de la Géographie. Toutes celles qu'on nous a données jusqu'ici, se bornent à faire connaître la page où se trouve la description particulière de chaque État, les Villes qu'il renferme les fleuves qui lui servent de limites , ou qui en arrosent les différentes parties , les rivières qui en baignent l'intérieur, les montagnes qu'il renferme , ou dont il est voisin. Il faut pour trouver les uns et les autres, dans le corps de l'ouvrage , feuilleter à chaque instant une infinité de pages, principalement pour retrouver la position d'un grand nombre de villes dont on rencontre les noms à chaque page de l'histoire, et dont ceux qui ne sont pas encore bien versés dans l'étude de la Géographie, ne peuvent se rappeller tout-à-coup la véritable situation.

Il y aurait, ce semble, moyen de parer à cet inconvénient. Il suffirait de placer à la fin des ouvrages de Géographie une ou plusieurs Tables, qui, en réunissant l'avantage des Tables ordinaires, celui d'indiquer les pages, présenterait quelque chose de plus, et offrirait quelques nouvelles ressources. Ce sont ces considérations qui nous ont déterminé à placer ici celles qui suivent.

La première, en présentant par ordre alphabétique le nom de tous les départemens avec celui des chefs-lieux, procurera un moyen des plus faciles pour retrouvrer promptement les uns et les autres dans le corps de l'ouvrage.

La seconde servira à rappeller non seulement le nom et le cours des fleuves et des rivières, mais encore la partie de la France où chaque département est situé. Supposons, par exemple, qu'on ne se rappelle pas sur-le-champ où sont situés ceux de l'Aube et de l'Isère, on n'aura qu'à jeter un coup-d'œil sur cette Table, et l'on verra tout d'un coup que l'Aube qui donne son nom au premier de ces deux département, se perd dans la Seine ; et quand on saura qu'elle est celle de toutes les rivières qui s'y déchargent et qui donnent leur nom à quelques départemens qui est la moins éloignée de l'endroit où celle-ci prend naissance, il sera facile d'entrevoir que pour trouver ce département sur la Carte, il n'y a qu'à suivre le cours de ce fleuve, en remontant vers sa source. De même quand on verra que l'Isère se perd dans le Rhône, il sera facile d'entrevoir que pour trouver le département qui lui doit son nom, il ne faut pas s'écarter du cours de ce fleuve.

Cette Table procurera encore un moyen très-facile pour se rappeller dans quelle partie de la France coulent les rivières qui ne donnent pas leur nom aux départemens. Il suffira de remarquer quelle est la rivière un peu considérable, dans laquelle une autre, la Durance, par exemple, se décharge. Quand on verra qu'elle se perd dans le Rhône, à peu de distance de son embouchure, on appercevra aisément qu'elle coule dans la partie orientale de la France, ou, si l'on veut parler avec plus d'exactitude, dans la partie du Sud-Est.

A mesure qu'on fera connaître aux Élèves le cours des fleuves et des rivières qui donnent leur nom aux départemens et celui des autres rivières dont ils ne l'empruntent point, on aura sûrement loin de leur faire remarquer les communes les plus considérables qui se trouvent sur leurs bords; mais il est impossible qu'ils retiennent d'abord le nom de toutes, ni celui des départemens où elles sont situées; il suffira pour qu'ils se rappellent sur-le-champ les noms des uns et des autres; qu'ils jettent un coup d'œil sur la troisieme Table. S'ils ne parviennent pas à apprendre et à retenir le nom de toutes les principales communes de chaque département, au moins pourront-ils retenir celui du plus grand nombre.

Il est bon de remarquer qu'il y a un très - grand nombre de communes assez considérables qui sont situées sur des rivières qui sont à peines connues, et qui méritent plutôt le nom de ruisseaux que celui de rivières. On ne trouve point le nom de la plupart de ces petites rivières dans les cartes générales, tant anciennes que nouvelles; si l'on entreprenait d'en décrire le cours et de le faire connaître aux jeunes Élèves, il faudrait leur mettre sous les yeux les Cartes particulières de toutes les anciennes provinces ou des départemens; mais il faut convenir qu'il y a peu de personnes qui se trouvent dans une position qui leur permette de se procurer cette ressource. D'ailleurs un ouvrage qui contiendrait la description du cours de toutes ces petites rivières serait trop long pour ceux qui ne font que de commencer à étudier la Géographie. Nous avons cru qu'il était plus à.propos pour faciliter le moyen de trouver promptement sur les Cartes les communes les plus considérables qui se trouvent sur ces petites rivières, et pour en saisir plus aisément la position, de marquer les rivières connues et les plus considérables près desquelles elles sont situées ou dont elles ne sont pas extrêmement éloignées.

TABLE

TABLE ALPHABÉTIQUE

DES DÉPARTEMENS,

Avec le nom des Chefs - Lieux

La lettre A indique le premier volume, B le second.

P

	pages	Chefs-Lieux.
Vienne-Haute B	. 135	Limoges.
Vosges B	. 65	Epinal.
Y.		
Yonne B	. 44	Auxerre.

TABLE ALPHABÉTIQUE

DES FLEUVES

ET DES RIVIÈRES.

A.

	se perd dans	
Aa (l') B . pages 8	La Manche.
Aar (l') B . . 213	Le Rhin.
Adon (l') B . . 162	La Vilaine,
Adour (l') B . . 176	L'Océan.
Agger (l') B . . 214	La Sieg.
Agout (l') B . . 161	Le Tarn.
Ain (l') A . . 212	Le Rhône.
Aire (l') B . . 37	L'Aisne.
Aisne (l') B . . 33	L'Oise.
Alan (l') A . . 227	Le Doubs.
Allier (l') B . . 121	La Loire,
Almont (l') B . 26	La Seine.
Amance (l') A . 225	La Saône.
Aône (l') B . . 99	La Baye de Brest.
Arc (l') A . . 191	La Mer de Martigue.
Ardée (l') B . . 69	L'Océan.
Ardêche (l') A . 197	Le Rhône.
Argents (l') A . 188	Le Golfe de Grimaut.

	se perd dans
Armançon (l') B pages 45	L'yonne.
Arques (l') B . .. 12	La Manche.
Arriége (l') B .. 172	La Garonne.
Arrax (l') B . . 218	La Mer de Biscaye.
Arroúx (l').B . . 48	La Loire.
Arve (l') A 207	Le Rhône.
Asse (l') A .. . 186	La Durance.
Aube (l') B . .. 42	La Seine.
Aude (l') B . . 165	Le Golfe de Lyon.
Aure (l') B . .. 74	La Fosse-du-Souci.
Aure (l') B . . 17	L'Eure.
Authie (l') B . : 8	La Manche.
Aution (l') B . . 177	La Loire.
Aveiron (l') B . 159	Le Tarn.

B.

Baise (la) B . .. 154	La Garonne.
Bene (la) A . . 185	La Durance.
Beuvron (le) B . 187	La Loire.
Bidassoa (la) B . 218	L'Océan.
Blavet (le) B . .. 102	L'Océan.
Bléonne (la) A . 186	La Durance.
Blaise (la) B . .. 84	L'Eure.
Blise (la). B . .. 58	La Sarre.

D.

E,

L.

M.

Rastat

		se perd dans
Rastat (la) B pages	216	Le Rhin.
Rhin (le) A .	. 181	Les Sables.
Rhône (le) A .	. 180	Le Golfe de Lyon.
Rigole (la) A .	. 227	Le Doubs.
Rille (la) B .	.. 17	La Seine.
Rise (la) B .	.. 174	La Garonne.
Roër (la) B .	.. 215	La Meuse.
Roër (la) A .	.. 240	Le Rhin.
Romanche (la). A : 209		L'Isère.
Russ (le) B .	. 213	L'Aar.

S.

Saanne (la) B .	.. 12	La Manche.
Salat (la) B .	.. 172	La Garonne.
Saône (la) A .	. 224	Le Rhône.
Sarre (la) B .	. 57	La Moselle.
Sambre (la) A .	. 247	La Meuse.
Saudre (la) B .	.. 119	Le Cher.
Save (la) B .	. 174	La Garonne.
Scarpe (la) B .	.. 3	L'Escaut.
Sée (la) B .	.. 70	L'Océan.
Sarthe (la) B .	. 114	La Mayenne.
Segre (la) B .	. 217	L'Ebre.
Seiche (la) B .	. 106	La Vilaine.

	se perd dans	
Seigne (la) B page	131	La Charente.
Seille (la) B .	.157	La Moselle.
Seine (la) B .	. 2	La Manche.
Seille (la) B .	.155	Le Lot.
Semoy (la) A .	.246	La Meuse.
Serain (la) B .	. 64	L'Yonne.
Sévre (la) B .	.135	La Gartempe.
Sévre-Nantaise (la) B	124	La Loire.
Sévre-Niortaise (la) B	124	La Vendée.
Sichon (le) B .	.141	L'Al'ier.
Sieg (la) B .	.214	Le Rhin.
Sioule (la) B .	.142	L'Allier.
Soër (la) A .	.228	Le Rhin.
Somme (la) B.	. 10	La Manche.
Sorgue (la) B.	.159	Le Tarn.
Soule (la) B .	. 70	La Manche.
Sare (la) A .	.246	L'Else.

T.

Tarn (le) B .	.161	La Garonne.
Tanaro (le) B.	.211	Le Pô.
Taurion (la) B.	.137	La Vienne.
Tave (le). A .	.227	Le Rhône.
Tech (le). B .	.169	Le Golfe de Lyon.
Tet (le). B .	.169	Le Golfe de Lyon.

se perd dans

Thérain (le) B pages	31	L'Oise.
Thille (la) B.	47	La Saône.
Thouè (la) B.	111	La Loire.
Toccia (la) B.	112	Le Lac Majeur.
Touque (la) B.	74	La Manche.
Treguier (le) B	104	L'Océan.
Treuyère (la) B	159	Le Lot.

U.

Ubaye (l') A .	185	La Durance.

V,

Var (le) A .	188	La Méditerranée.
Vendée (la) B	122	L'Océan.
Verdon (le) A.	186	La Durance.
Vesle (la) B .	39	L'Aisne.
Véze (la) A .	242	La Meuse.
Vézère (le) B.	151	La Dordogne.
Vézouze (la) B	63	La Meurthe.
Vidourle (la) A	194	Le Golfe de Lyon.
Vienne (la) B.	121	La Loire.
Vilaine (la) B.	105	L'Océan.
Vincon (le) B.	121	La Sèvre.
Vire (la) B .	74	La Manche.

TABLE ALPHABÉTIQUE

DES COMMUNES,

Avec le nom des Fleuves, des Rivières, ou des Mers qui les baignent, et celui des Départemens où elles sont situées.

A.

R

	pages.		
Ebreuil.	b . 140	La Sioule . . .	Allier.
Eclaron	b . 52	La Blaise . . .	Haute-Marne.
Ecouis .	b . 18	p. L'Epte. . . .	Eure.
Elbeuf .	b . 18	La Seine. . . .	Eure.
Elne. .	b . 171	Le Tet.	Pyrénées-Or.
Embrun.	a . 205	p. La Durance.	Hautes-Alpes.
Ensisheim	a. 229	L'Ill.	Haut-Rhin.
Entrains	b . 89	p. L'Yonne. . .	Nyévre.
Entrevaux.	a. 187	Le Var.	Basses-Alpes.
Epernay .	b . 40	La Marne. . .	Marne.
Epernon .	b . 85	p. L'Eure. . . .	Eure-et-Loire.
Epinal.	b . . 67	La Moselle. .	Vosges.
Ernée.	b . 113	L'Ernée. . . .	Mayenne.
Espagnac.	b . 97	Le Tarn . . .	Lozere.
Espalion.	b . 160	Le Lot. - . . .	Aveiron.
Esseling.	b . 215	Le Neckre . .	Allemagne.
Essonne.	b . 22	L'Essonne . .	Seine-et-Oise.
Estain .	b . 56.	L'Ornes. . . .	Meuse.
Etampes	b . 22	La Juine . . .	Seine - et - Oise.
Etaple .	b . 9	La Canche. .	Pas - de - Calais.
Eu. b	. . . 13	La Bresle. . .	Seine-Inf.
Evreux.	b . 18	L'Iton.	Eure.
Evron .	b . 113	p. La Mayenne.	Mayenne.
Exideuil	b . 152	Le Vézere. . .	Dordogne.
Exmes.	b . . 82	La Dive. . . .	Orne.

S

	pages.		
Mendes. b	...96	Le Lot.	Lozère.
Menetous. b	130	Le Cher. . . .	Cher.
Menin. a	..258	La Lys.	Lys.
Méry. b	...42	La Seine. . . .	Aube.
Metz. b	6	La Moselle . .	Moselle.
Meulan. b	..21	La Seine. . . .	Seine-et-Oise.
Meyrueis b	..97	p. Le Tarn. . .	Lozère.
Mézières. b	.37	La Meuse. . .	Ardennes.
Mézières - en- Braine. b	128	La Claise. . . .	Indre.
Michel. (le fort Saint) a	.243	La Meuse . . .	Meuse-Inférieure.
Milhaud. b	.161	Le Tarn. . . .	Aveiron.
Millas. b	...171	Le Tet.	Pyrénées-Orientales
Milly. b	22	L'Ecole	Seine-et-Oise.
Miolens a	..185	L'Ubaye. . . .	Basses-Alpes.
Mirabel. b	.156	p. Le Tarn. . .	Lot.
Miradoux. b	177	p. Le Gers . . .	Gers.
Mirande. b	.176	La Baise. . . .	Gers.
Miravaux. b	177	Le golfe de Lyon. .	Hérault.
Mirebeau. b	127	p. La Vienne. .	Vienne.
Mirecourt. b	167	Le Madon. . .	Vosges.
Mirepoix. b	172	Le Lerts. . . .	Arriège.
Moirans. a	.210	p. Le Rhône. .	Isère.
Moissac. b	.155	Le Tarn. . . .	Lot.

S.	pages.		
Saarrebourg a 239	La Sarre. . .	Sarre.
Sables d'Olonnes. (les) b .123	L'Océan . . .	Vendée.
Saillans. a .202	La Drôme . .	Drôme.
Saint-Afrique. b ..160	La Sorgue . .	Aveiron.
—Agnan. b 120	Le Cher . . .	Loir-et-Cher.
—Agrève. a 198	p. Le Rhône . .	Ardèche.
—Alban. a .96	p. Les Cévennes.	Lozère.
—Amand. b 130	L'Eure. . . .	Cher.
—Amand.b . 4	La Scarpe. . .	Nord.
—Antonin.b 159	Le Céron . . .	Aveiron.
—Arnoul. b .22	L'Orge. . . .	Seine-et-Oise.
—Aubin. b 106	p. Le Couesnon.	Ille-et-Vilaine.
—Aulaye. b 152	La Dronne . .	Dordogne.
—Bonnet. a 205	Le Drac . . .	Hautes-Alpes.
—Bonnet - le-Châtel. b 93	p. La Loire. . .	Loire.
—Calais. b 115	p. Le Loir. . .	Sarthe.
—Céré. b .154	p. La Dordogne.	Lot.
—Chamont.b 94	p. Le Rhône . .	Loire.
—Chartier.b 129	L'Indre. . . .	Indre.
—Cirq. b .156	Le Lot. . . .	Lot.
—Claude. a 220	La Bienne . .	Jura.
—Cloud. b .. 21	La Seine . . .	Seine-et-Oise.

T 4

T 4

Fin de la Table génér...

Nota. Malgré les précautions que l'on a prises pour rendre cet ouvrage le moins imparfait possible, peut-être s'y est-il glissé quelques inexactitudes, soit dans la partie astronomique, soit dans les détails géographiques. L'Auteur invite toutes les personnes instruites entre les mains desquelles cet ouvrage pourra tomber, à les lui faire remarquer; il recevra avec reconnaissance les observations qui lui seront adressées; et il profitera, si l'ouvrage est dans le cas d'être réimprimé, des avis qu'on pourrait lui donner relativement à la méthode dont il a fait usage. Il a crû que cette méthode était absolument la seule dont on puisse désormais faire usage en traitant de la Géographie moderne de la France, puisque presque tous les départemens empruntent leur nom ou des fleuves ou des rivières.

www.ingramcontent.com/pod-product-compliance
Lightning Source LLC
LaVergne TN
LVHW021525170726
843501LV00004B/964